世界で勝つための極意書

ワールド柔道

著・竹内 徹
監修・佐藤宣践

はじめに

　この『世界で勝つための極意書　ワールド柔道』は、技の基本的な動作や解説にとどまることなく、世界で活躍した選手による独自の動作、技の入り方、投げ方、勝負に対する考え方、エピソードなどの惜しみない解説という、今までに類を見ない柔道の指導書を目指したものです。

　この本を作成した目的は主に３つあります。

　一つは柔道を学び、選手として日本、そして世界のトップを目指す小学生、中学生、高校生の技術向上に役立ててもらうこと。二つ目は、柔道の初心者のみなさまに世界で活躍した選手の技を動画で、わかりやすい解説で、楽しみながら柔道に対する興味をさらに深めてもらうこと。そして、学校や道場で柔道を指導されている先生方に、普段じっくり見たり聞いたりすることができない、トップレベルの選手たちの技と解説を指導の参考にしていただきたいという３つです。

「学ぶことは真似ること」という言葉があります。

　まずは、技術の解説や動画、試合の動画を見て、一流選手の技の入り方、投げ方を学び、真似してみる。その後それをヒントにいろいろと自分なりに考え、工夫して試してみてください。そこから、ぜひ自分自身のオリジナルに発展させてほしいと願っています。この指導書の技の解説はすべてオリンピック・世界選手権チャンピオン、または世界大会に出場した一流の選手を中心に行っていますので、きっとここから多くを学んでいただけることでしょう。

　あわせて「高校柔道三冠達成と金メダリスト育成の指導法」〈技の伝承とエネルギーに変えた挫折〉として、二人のオリンピックチャンピオンを育てた私の柔道指導法、柔道を通しての人生哲学をまとめました。柔道を通した人生の書として多くのみなさまのお役に立てるのではないかと考えております。

　監修は私の大学時代の恩師であり、20人の世界チャンピオンを育成した佐藤宣践先生です。この指導書はまさに「ワールド柔道」が凝縮されています。世界に通用する技術を楽しみながら学び、勝負に関する考え方、エピソードなどを柔道の技術向上に役立て、生きていく上での前向きなヒントにしていただければ幸いです。

竹内徹（東海大学柔道部師範）

監修にあたり

東海大学名誉教授
東海大学柔道部主席師範
佐藤宣践

竹内徹君が東海大学付属相模中等部、東海大学付属デンマーク校を経て東海大学付属浦安高等学校柔道部監督に就任。みる間に千葉県の王者となり、全国的にも上位校へと成長していった。また、個人戦においてもインターハイ優勝者はじめ、上位入賞者を続々と輩出した。しかし高校三冠に輝く成績を残したことは、私にとって想定外だった。なぜなら過去三冠を獲得した高校（国士舘高校、世田谷学園高校、東海大付属相模高校）は選手スカウトにおいて全国区であり、浦安高校は千葉近県のみの地方区であるからだった。その環境の中で三冠を達成し、さらにベイカー茉秋、ウルフ・アロンというオリンピック金メダリストを２名も輩出したのであるから彼はまさに平成、令和における名指導者の一人であると言える。

2021年３月浦安高校柔道部監督を勇退し、４月東海大学スポーツプロモーションセンターに転勤、東海大学柔道部師範に就任した折、勇退記念として今までの指導体験を軸に中・上級用柔道指導書を書いてみないかと薦めたところ快諾。早速取り組んでくれた。

竹内徹流指導法は恩師・白石礼介流の「褒めて、育てる」を原点に進化させ「褒めて、考えさせて、伸ばす」という指導法である。さらに「マナーを守る、謙虚、礼儀、挨拶、文武両道」を優先して指導するというもので、現在全日本柔道連盟が奨励している「柔道MINDプロジェクト」活動とぴったり一致した素晴らしい指導である。

彼の指導者として成功した大きなポイントを二つあげれば、1）大学時代肩の負傷から選手として大成できなかった挫折をバネに指導に対する人並はずれた執念を持ち続けたこと。2）大学卒業後、中学教員をやりながら社会科免許証を取得。社会科教員を兼任しながら常に勉強し視野を広めていったことである。

また、柔道部の指導にあたり彼が100％指導に打ち込めるよう全面的に理解し協力してくれた竹内るり子夫人の存在も大きかった。彼女のサポートなくして偉業の達成はできなかったと思う。彼のこれまでの軌跡を見ると、古事に出てくる「人間万事塞翁が馬」の如くであり、改めて「あきらめない」執念の大切さを知ることができた。

今回の指導書は彼の指導論および５人の名選手の技術指導が多くの人々に新鮮な刺激を与えてくれると確信している。と同時にタイトルのごとく、世界柔道発展に大きく寄与してくれることを祈念してやまない。

すべての
柔道修行者にとっての
必読の書

了徳寺大学理事長　学長

了徳寺健二

この度、全国高校柔道大会三冠達成をはじめ、オリンピック金メダリストのウルフ・アロン、ベイカー茉秋など、多くの名選手を輩出した名伯楽・竹内徹先生が『ワールド柔道』を出版されることに相成りました。

彼は私が千葉県柔道連盟会長時代、国体において千葉県柔道少年の部で東海大学付属浦安高校柔道部を軸に大いに活躍してくれた監督でもあり、現代の若者の心をとらえた指導には常に刮目しておりました。また、私の所属からいつの日かオリンピック金メダリストを出したいという夢を、ウルフ・アロンによって達成してくれました。

『ワールド柔道』は彼のユニークな指導哲学をすべて紹介しており、また協力者であるウルフ・アロン、ベイカー茉秋、飛塚雅俊、秋本啓之、福見友子氏はいずれも世界で活躍した人たちです。その技の披露・解説は、指導者はもちろん、すべての柔道修行者にとって「必読の書」になると確信し、自信を持って推薦いたします。

柔道の指導書として、今までにない一冊

日本オリンピック委員会会長
全日本柔道連盟会長
山下泰裕

この度、東海大学柔道部師範の竹内徹氏が『ワールド柔道』を出版することになりました。

竹内氏は、私が高校（熊本県九州学院高校）、大学時代いつも一緒に汗を流した後輩です。中学、高校時代の竹内氏は負けん気が強く、いつも闘志にあふれた練習をしていました。特に団体戦が好きで、金鷲旗大会やインターハイでは先鋒として元気いっぱいの試合でチームの流れをつくり、優勝に導いたことを記憶しています。

指導者としては、まず東海大学付属相模高校で8年間コーチとして同校の強化に尽力しました。その経験を活かし、東海大学付属浦安高校では、千葉県代表として19年間連続インターハイ出場を果たし、2012年には高校柔道三冠を獲得する快挙を成し遂げました。また、2016年リオデジャネイロ・オリンピック90kg級優勝のベイカー茉秋や、東京2020オリンピック100kg級優勝のウルフ・アロンも育て上げた高校柔道界屈指の名将です。今回、世界に通用する心技体の極意を中学生や高校生に学んでほしいという強い気持ちで、この『ワールド柔道』を出版するに至ったとのことでした。

実技、解説で出演した方々は世界チャンピオン、世界選手権出場者であり、まさしく世界に通用する柔道の指導書になっています。また、高校三冠を獲得した指導法、ベイカーをどのように育てたか、ウルフとの出会いなど指導者のみなさまにとって、さまざまな点で役に立つ内容と言えるでしょう。

2021年に行われた東京オリンピックでは男子、女子ともに素晴らしい成績を残してくれました。この一冊にはこれから世界で活躍することを目指す中学生、高校生が強くなるヒントがたくさんあります。また、初心者の方が読む、あるいは動画を見るだけでも楽しめる内容になっています。柔道の指導書としては今までにないような内容であり、柔道界で活動するみなさまに役立つことを確信し、この『ワールド柔道』を推薦いたします。

大いに楽しみ、
大いに学べる一冊

前全日本男子代表監督
井上康生

このたび、竹内徹先生が『ワールド柔道』を出版されますことを心からお祝い申しあげます。さっそく拝読いたしましたが、一柔道家として、一指導者として学びや気づきの連続で、ワクワク、ドキドキしながらページをめくりました。

ご存じのように竹内徹先生は、東海大学付属浦安高校柔道部で長年指導にあたり、19年間連続で千葉県代表としてインターハイ出場を果たされ、2012年にはベイカー茉秋選手、ウルフ・アロン選手を擁するチームで「高校柔道三冠」（全国高校選手権、金鷲旗、インターハイ）を達成する偉業を成し遂げられました。また、ベイカー選手は2016年リオデジャネイロ・オリンピックで激戦区であった90kg級で、ウルフ選手は2021年東京オリンピックの100kg級で日本勢として21年ぶりに金メダルを獲得したことは、みなさんの

記憶に新しいところだと思います。ウルフ選手はこの金メダルにより、日本柔道界最高の殊勲である「柔道三冠」（オリンピック、世界選手権、全日本選手権）の快挙を達成しましたが、それは竹内先生のご指導があったからにほかなりません。

その先生が出される「ワールド柔道」。面白くないわけがありません。いかに高校三冠を達成し、ベイカー選手やウルフ選手などの世界を代表する選手を育てあげたのか、そのノウハウが盛りこまれた充実の内容であり、世界を目指す柔道家たちや心から柔道を愛する方々まで、大いに楽しみ、大いに学べる書となっています。

この本がみなさまのさらなる活躍の一助となることを確信して、ここに推薦させていただきます。

本書の使い方

本書は柔道の中・上級者向けとなっています。基本的な礼儀、受け身、技を学んだ方が、さらにレベルアップしていけるように、世界で活躍してきた柔道家の方々の技の極意を紹介しています。すべて技を掛ける「取り」の選手が白の道衣、「受け」の選手が青の道衣を着用しています。誌面のQRコードを読み込むと技や練習法の動画を見ることもできるので、説明と合わせて参考にしてみてください。

相四つ or ケンカ四つ
技によって相四つからのかけ方、ケンカ四つからのかけ方に違いがあるので、それぞれをクローズアップ。

見やすい角度
「引き手側」「釣り手側」「上から」「背中側から」……と、技を見やすい角度から連続写真で紹介。

動画
QRコードを読み込むと、該当ページの動画を見ることができる。

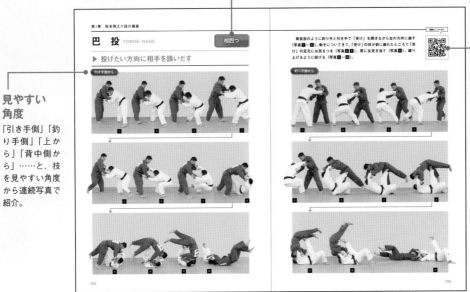

技の極意
技のポイントとなる部分を抜き出して詳しく紹介。連続写真のどの部分なのか写真番号を記載しているので、合わせてチェックしよう。

NG
技を仕掛けるときにありがちなNG例を紹介。自分がそうなっていないかをチェックしよう。

練習法
その技を習得、磨いていくために実際にやっていた練習法の紹介。

CONTENTS

第1章
秋本啓之六段の極意

第4章
ベイカー茉秋三段の極意

第5章
ウルフ・アロン五段の極意

第6章
竹内徹師範の奥義と全国高校三冠の指導法

デザイン／ 黄川田洋志、井上菜奈美、
　　　　　　中田茉祐、有本亜寿実（有限会社ライトハウス）
写　　真／ 馬場高志、川口洋邦
イラスト／ 丸口洋平
動画撮影・編集／木村雄大（有限会社ライトハウス）
編　　集／ 永田千恵
　　　　　　佐久間一彦（有限会社ライトハウス）

第1章
秋本啓之六段の極意

右組み （受け：山中堅盛）

　2010年東京世界選手権（73kg級）を制した秋本啓之六段は、親子二代にわたる世界選手権メダリストです。1975年ウイーン世界選手権（軽中量級）で銅メダルを獲得している父・秋本勝則氏は同じ熊本県の出身で、私が九州学院中学1年だった当時、柔道の名門・鎮西高校の3年生で、小さな体から繰り出される背負投は華麗で、とても憧れていました。大会を見に行っては、技を真似たいと練習したものでした。

　そんな関係で、次男・啓之六段の活躍も子どもの頃から注目していました。無差別で戦う（当時）全国高校選手権で優勝したときには、本当に驚かされました。まさに「柔よく剛を制す」。その柔道スタイルはやはり私の憧れです。（竹内師範）

背負投 SEOI-NAGE

相四つ

▶ 父から引き継いだ代名詞

引き手側から

動画はこちらから

　相手を動かしながら、右足をその場で踏み込むと同時に、左足を大きく振り子のように後ろに引く（写真 **1** ～ **3**）。引いた左足の反動を利用して体を回転させながら腰を落とし、「受け」の脇の下の位置に入り込む（写真 **4** ～ **6**）。その状態から前方に投げる（写真 **7** ～ **12**）。

釣り手側から

技に入りやすい場所にポジションをとる

（写真 1〜3）

上の角度からチェック。自分の足を前後に開き体勢を安定させつつ、相手の右足と自分の右足が向き合う位置にポジションをとる

まず、入りやすい場所にポジションをとることが重要です。私の場合、相手の右足と自分の右足が向き合うところになります。この位置からがもっとも相手を崩しやすく、背負投に入りやすいのです。その位置を探るため、相四つで組んで相手を動かします。

お互いの右足の位置が一直線上になる

釣り手を先行させず、弓を引くイメージで組み手を使う

（写真 3〜6）

相手のかかとが少し浮くくらい動かせればOK

釣り手は鎖骨の下あたり、引き手はヒジ下あたりをしっかり握ります。このとき意識しているのは、釣り手を先行させないこと。釣り手で相手を崩すのではなく、体全体をうまく連動させて（特に上体を起こす動作）相手を崩します。大きく崩そうとせず、両足のかかとを浮かせる程度での崩しで問題ありません。なぜ釣り手を先行させてはいけないのかというと、相手に自分の意図がバレるからです。またその釣り手が邪魔になって腰が深く入らず、体をしっかり回転させることができなくなってしまいます。それを避けるため、上体を移動させ、釣り手は最後についてくる形にします。そして、弓を引くように釣り手と引き手を使って、相手を投げます。

NG

釣り手が先行すると、技を仕掛ける際に邪魔になり、上体が崩れたような形になってしまう。

背負投 SEOI-NAGE

ケンカ四つ

動画はこちらから

　ケンカ四つの状態から（写真**1 2**）、右足で大きく踏み込んで「受け」の正面に入る（写真**3 4**）。左足を振り子のように使って（写真**5**）「受け」の懐に潜り込み（写真**6**〜**8**）、「受け」を前に崩して、ヒザをついて前方に投げる（写真**9**〜**12**）。

背中側から

技の極意 その1 相手の内側に大きく踏み込む
（写真 1 〜 5 ）

相手の正面、技に入りやすい位置にポジションをとる

相手の右足と自分の右足が向き合うように

技を掛けやすい相四つと同じ状況をつくるため、相手の右足の前に自分の右足が来るよう、大きく踏み込みます。とはいえ実戦では相手も力が入っているので、ここまで踏み込めることはあまり多くありません。最低でも、相手の左足より内側に右足をおくことを心掛けています。相手の外側の位置になってしまうとその足に引っかかって崩れてしまい、技に入ることができないからです。

相手の左足よりも体が外にあると技に入れない。

足を刈って間合いをとる

外国の選手の場合、よく背中をとってきます。そんなときは右足で相手の右足を牽制する動作を入れ、間合いをとります。これで背負投に入れるスペースをつくりだすことができます。

足を振り子のように使う
（写真5〜9）

相手の内側に踏み込むと同時に、左足を大きく後ろへ振ります。背負いに入るために回転する際、この足を振り子のように使うことでそれが遠心力となり、投げる力となります。

一本背負投 IPPON-SEOI-NAGE

相四つ

▶ 柔道の面白さを知るきっかけとなった技

技の極意 その1 左足でしっかり畳を蹴る
（写真 5～7）

一本背負投は、体と体を密着させるインパクト時に一番力を必要とします。相手の体が畳から浮いていないと投げられないためです。その状況をつくりだすため、しっかりと左足で畳を蹴り、蹴ったその力を相手にぶつけます。

釣り手で「受け」を前に崩す（写真 **1**〜**4**）。右釣り手で襟を握ったまま、引き手を離して左足でしっかり畳を蹴り（写真 **5**）、その勢いで体を回転させて左肩を相手の左脇の下に入れ、担ぎ上げる（写真 **6**〜**8**）。足を前後に保ったまま、その状況で前に投げる（写真 **9**〜**12**）。

技の極意 その2 相手を担ぎ、投げる瞬間の足は前後に開く
（写真 **8**〜**12**）

前に投げる技なので、前後に力が働きます。背負投同様、投げるときは両足を前後に開いたほうが力を発揮しやすくなります。

NG

自分の体と相手の体がぶつかるインパクト時に足が平行に揃っていると、うまく力が働かず返されやすい。

一本背負投 IPPON-SEOI-NAGE

ケンカ四つ

1　2　3

7　8　9

技の極意 その1 相手を開いて空間をつくる
（写真 1 ～ 3）

ケンカ四つの相手とは、釣り手を持ち合った「ハ」の字の体勢から相手の中に入っていくことになります。

釣り手を引くように使って前襟を開いて相手を前に引き出し、空間をつくります。

動画はこちらから

釣り手と引き手で「受け」を前に崩す。「受け」の前に出て、引き手で「受け」の引き手を取りにいく動作を入れる（写真 **1** **2**）。そこからすばやく左足で畳を蹴り、その勢いで回転しながら「受け」の左脇の下に体を入れ（写真 **3**〜**6**）、そのまま前へ投げる（写真 **7**〜**12**）。

技の極意 その**2** 引き手をフェイントとして使う
（写真 **1**〜**5**）

釣り手で開く動作と同時に、引き手をとりにいく動作を入れます。しかし、この引き手はあくまでフェイントにすぎません。こうした動作を入れることで相手は意識を分散させられ、引き手を持ちにくるのか、一本背負投なのか、迷いが生じます。その結果、相手の懐に入りやすくなります。

袖釣込腰 SODE-TSURIKOMI-GOSHI 　相四つ

▶ 一本背負投と同じモーションで効果を生み出す

引き手側から

動画はこちらから

　釣り手と引き手を持ったまま、左足を右足の後ろで1回軽く踏む（P41
極意参照）。そのリズムで体を回転させて相手の懐に入り込むと同時に左
足でしっかり畳を蹴って釣り手と引き手を離さずに担ぎ上げ（写真 1 〜
6 ）、その勢いで前に投げる（写真 7 〜 12 ）。

釣り手側から

技の極意 （その1） 相手の釣り手をコントロールする

（写真 1 ～ 4 ）

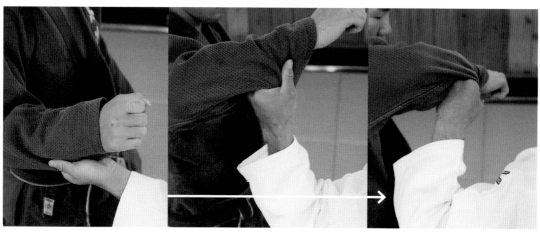

ヒジを支点に内側に返すように手首を立てて袖を絞る

引き手は相手のヒジ下あたりを握り、ヒジを支点に内側へ返すように手首を立てて袖を絞ります。このときのポイントは、手首が立っていること。相手の釣り手をコントロールすると相手の懐に入りやすくなり、腰からしっかりと体を入れることができます。それで自然に相手の体が持ち上がります。

技の極意 その2 手首で相手の釣り手をコントロールして、体を入れていく

（写真 **1**〜**6**）

左足で畳をしっかり蹴る

相手の手を上げて中に入ろうとする選手がいますが、両手で持った状態から入ろうとすると自分の上体が後ろに反ってしまい、投げに入ることができません。手首を返して相手の釣り手をうまくコントロールした状態で体を入れ、相手の上体を腰にしっかり密着させて、腕ではなく体の力で釣り上げていきます。

上体が反る

相手の手を持ち上げて技に入る方法もあるが、自分の上体が後ろに反ってしまうと、投げに入ることができない。

袖釣込腰 SODE-TSURIKOMI-GOSHI

ケンカ四つ

技の極意　その1　相四つの状態をつくりだす

（写真 1〜4）

ケンカ四つの状態から、左足を相手の左足の前の位置に移動させることで、左の相四つの形をつくります。

動画はこちらから

組み手争いの中で、引き手から取り（写真**1 2**）、「受け」が釣り手を持とうとしたときに、伸ばしてきた釣り手を引き（写真**3 4**）、低い袖釣込腰に入る（写真**5**～**12**）。

技の極意 その2 釣り手は最後に使う
（写真**1**～**7**）

最初から釣り手を持つと相手は警戒してきます。引き手から入り、技に入るギリギリまで釣り手は使いません。釣り手（右手）は相手の釣り手の上や下から相手の襟を持ちにいくフェイント動作を入れながら、最後の最後に弾くように引っ掛けて握ります。同時に、体を回転させ、その力で相手を巻き込んで前に投げます。

巴　投 TOMOE-NAGE

相四つ

▶ 投げたい方向に相手を誘いだす

引き手側から

動画はこちらから

　背負投のように釣り手と引き手で「受け」を開きながら左の方向に崩す（写真 **1**〜**5**）。動きについてきて、「受け」の体が前に崩れたところで「受け」の足元にお尻をつき（写真 **6** **7**）、帯に左足を当て（写真 **8**）、蹴り上げるように投げる（写真 **9**〜**12**）。

釣り手側から

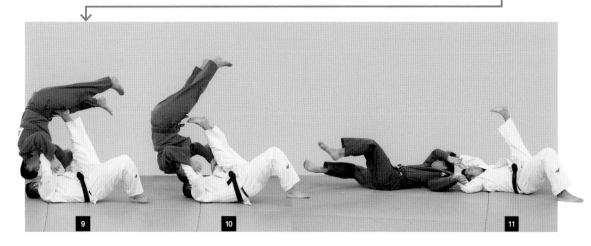

背負投の要領で崩す

（写真 1～4）

背負投のときのように崩すことが巴投を決める最大のポイントです。釣り手と引き手を開くように大きく使うと同時に、腰を一度落としてから上げるという全身

を使った動きで左方向に相手を崩していきます。完全に上体を前に崩してしまうことで、巴投に入りやすくなります。

巴投に入るための練習法

巴投の練習としてよくやったのが、この打ち込み練習です。背負投に入るときと同じ要領で全身を使い、相手の体勢を崩します。ここでしっかり崩すことができれば巴投は決まります。相手の道衣がはだけるくらい、大きく動かします。

技の極意 その2 お尻は相手の足元に

(写真 5 ～ 8)

巴投ができない人の多くは、相手の足元から離れた位置にお尻をついています。怖がって入ってしまい、その結果、お尻の位置が相手から遠くなっているのではないでしょうか。これでは足が伸びきってしまい、そ

こで技が終わってしまいます。足元にお尻をつくことでヒザに余裕が生まれ、相手を蹴り上げることができるので、勇気を持って相手の足元に入ることが大切です。

NG お尻の位置が相手から遠い

お尻の位置が相手から遠いと足が伸びきってしまう。

巴投 TOMOE-NAGE

　ケンカ四つ

技の極意 その1 逆方向に相手を振る
（写真 1〜6）

投げる方向とは逆の方向に相手を一度振ります。同時に、私自身は相手と逆の方向、つまり、相手を釣り手の方向に動かし、私は引き手の方向に動くわけです。この動作はいうなれば、巴投に入るための『誘い』。この動きにより、相手と私の位置関係がズレます。相手は左に重心を崩されるので、元に戻そうとしてきます。それがこの動作のねらいです。ちょうど、私が動かしたい方向、つまり相手の右足に重心が移動することになるからです。誘いにのってきたらそのまま巴投に入ります。のってこない選手の場合は、その場で他の技に切りかえます。

釣り手で「受け」を
右に動かす

「受け」を左方向に移動させて崩すため、釣り手を使って逆の右方向に振ると同時に、自分は右足から前に出る（写真 **1**〜**3**）。「受け」の重心が右足に移ったところで、さらに自分の左に振る（写真 **4**〜**6**）。「受け」の足元にお尻をつき（写真 **7**）、左足を帯の部分に当てて相手を左足で持ち上げるように投げる（写真 **8**〜**12**）。

自分は左に動く

「受け」の重心が右足に乗る

腰　車 KOSHI-GURUMA

相四つ

▶ 組ませてもらえない相手へ

技の極意　その1　ラリアットで体勢を崩す
（写真4～6）

プロレスのラリアットを掛けるように、首の後ろから引き手を回し、相手の体勢が前のめりになるように崩します。このとき、強く相手の首を抱えることが大切です。あとは、自分の上体のひねりを使って巻き込んでいくように投げます。

動画はこちらから

　一本背負投、袖釣込腰と同様のステップ（P41極意参照）で、右足を「受け」の足の真ん中に入れ、引き手を「受け」の首に回す（写真 **1** 〜 **6** ）。同時に、深く左腰を入れて密着し、「受け」の重心を左腰に乗せるようにして投げる（写真 **7** 〜 **12** ）。

背中側から

腰　車 KOSHI-GURUMA

ケンカ四つ

技の極意 その1 相手のヒザを止める

（写真3 4）

釣り手を引きながら右足で相手の左ヒザを止めることで、相手は体勢が崩れるとともに、重心を移動するこ

とができなくなります。体幹の強い外国人選手に対し、いきなり首に手を回すと、そのまま腰を抱えて返されるリスクが高いので、この方法で崩します。

動画はこちらから

　互いに釣り手で襟を持った状態から、右足で「受け」の左ヒザを止めて前に崩す（写真 **1**〜**5**）。次の瞬間、一本背負投、袖釣込腰と同じステップ（P41極意参照）で相手の懐に入り左腰に「受け」を乗せて投げる（写真 **6**〜**12**）。

技の極意 その**2** 3つの技をつなぐステップ

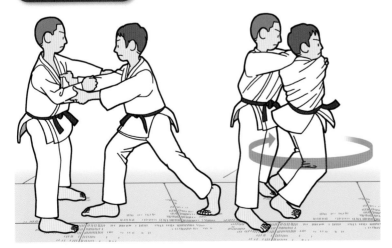

左足を軽く下げてステップを踏む

一本背負投、袖釣込腰、腰車、この3つの技はすべて同じモーションから技に入ります。相手にどの技でくるのか迷いを生じさせることで、技が決まる可能性を高めます。そのために使っているのがこのステップです。その場で小さく一度ステップを踏むやり方です。クロスステップの要領で、組んだ状態から左足を右足の後ろあたりに軽く下げ小さくステップを踏みます。この動作を入れると腰が切りやすくなると同時に軸足の踏ん張りにつながります。

041

動画はこちらから

秋本オリジナル
背負投→巴投

　低い背負投で入るも入りが浅くなり、「受け」は右横に避ける（写真**1**～**3**）。移動した「受け」に対し、引き手でさらに横に引いて体を開き（写真**4 5**）、その懐にもぐり込んで、巴投に入る（写真**6**～**9**）。

技の極意　リズム良く変化させる

　現役時代、低い背負投を軸としていましたが、それを避けられたときによくこの連絡技を使っていました。相手が背負投を警戒して横に移動してきたことにより、巴投に入りやすい正面の立ち位置になるからです。この状況では相手は受けるだけで精一杯です。そこで足元にお尻を落として巴投に入ります。リズム良く、そのままの流れを止めないで巴投に変化させることが大切です。流れが止まってしまうと、相手に体勢を立て直すチャンスを与えてしまいます。

動画はこちらから

秋本オリジナル
体落→巴投

ケンカ四つとなり、釣り手を突き上げ、引き手を引いて、体落を掛けにいく（写真**1**　**2**）。「受け」が横に避けたら（写真**3**）、左に引きながら腰を落とし、巴投に入る（写真**4**～**8**）。

技の極意　横に逃げたらチャンス

体落を避けようとすると、たいてい相手は横に逃げます。背負投からの連絡同様、ちょうど正面に来ることになり巴投に入りやすいチャンスとなるので、そこをねらいます。

秋本返（正式名称：腹包）　AKIMOTO-GAESHI

▶ 一本をとりたい強い気持ちから生まれた

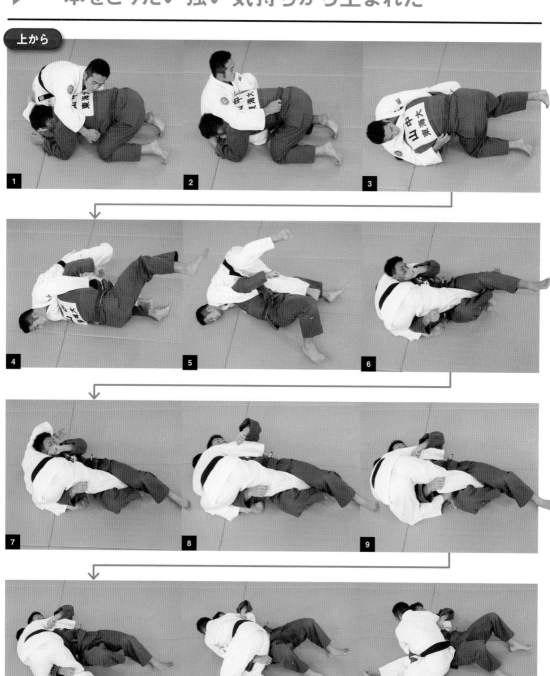

「受け」の道衣の合わせの中、できるだけ奥に左手を入れて下から道衣を握る（写真**1**）。右手は帯を握り、帯伝いに右手を回して「受け」の肩や首を覆うようにし、「受け」が体を丸めるような状態にする（写真**2** **3**）。同時に、自分の右ヒザを「受け」の右肩と首の間に入れ、左足で畳を蹴り、畳についた「受け」の左手を支点にして、「受け」を右側に返す（写真**4** **5**）。自分も一緒に同じ方向に回転する（写真**6**）。「受け」に自分の右足をからませておき、その間に、右手を仰向けになった「受け」の左脇下に入れる（写真**7** **8**）。足を抜きながら、腰を「受け」の右腰あたりにおいて袈裟固でがっちり抑込む（写真**9**～**12**）。

引き手側から

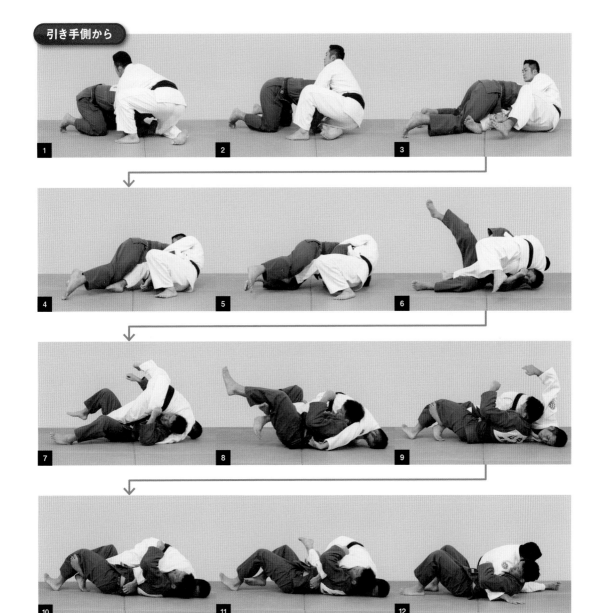

技の極意 その1 引き手は道衣の中に差し込んで使う
（写真1 2）

カメになっている相手の道衣の合わせの中に、左手をできるだけ深く差し込んで中から道衣を握ります。

技の極意 その2 スペースをつくって、握る
（写真1 2）

実戦の場では防御されてしまい、なかなか道衣の中に深く差し込んでもたせてもらうことはできません。その場合は、右手と右ヒザを使って相手の首を持ち上げ、おなかの部分にスペースをつくります。そして、右手で左手に道衣を渡し、右手は背中の帯を取ります。

道衣を開いてスペースをつくり　　　左手に道衣を渡す

ヒザを入れるのではなく、相手を引き込む

（写真2）

背中の帯を取ったら相手の腕を極めやすくするため、右ヒザを相手の右肩と首の間に入れます。このとき、自分からヒザを差し込むのではなく、釣り手と引き手で相手を引き込むようにします。相手を自分のほうに連れてくることでヒザが内側に入るような形をとります。自分から入ろうとするというよりは、相手を自分のほうに引き込みながらヒザを入れるというイメージです。

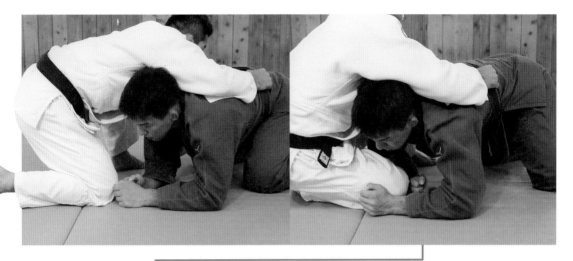

NG 右腕の外にヒザを置く

右腕の外にヒザを置くと、その後、腕を極めることが難しくなる。

Point!

相手のガードが固くて右肩から入れないときは、空いている左肩から入る。

最大のポイントは、ここ。相手を自分のほうに引き込むと同時に、相手の左肩を包み込むように釣り手を帯

伝いに回し、首にぶら下がるようなイメージでそのまま右に相手を回します。

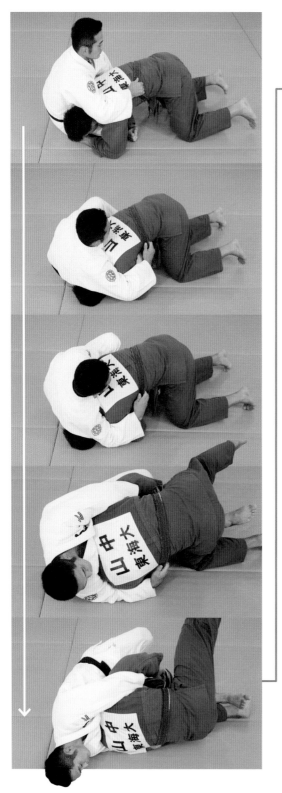

NG ヒジを潰す

「ヒジを潰す」と言われますが、私はヒジを潰しません。潰しにかかると相手は左手を外に出し、首を起こしてきます。首が起きると相手は力を発揮して踏ん張り、返すことができなくなるためです。肩を包み込むようにすることで相手の首も丸めます。

技の極意 （その5） 片足を相手にからませる
（写真 **6** ～ **8**）

片足は残し、わざと相手にからませておきます。「寝技に入れない」という安心材料を相手に与えるのです。その隙にしっかりと上半身を固めます。帯を持っていた右手を相手の左脇の下にスイッチします。上半身を極めてしまうと、相手は足をからませた状況を保てなくなるので、足を抜きやすくなります。

技の極意 （その6） 両足を巧みに使って足を抜く
（写真 **7** ～ **10**）

足を抜くときはまず、左ヒザの位置を高くして左足を相手の腰骨に当て右ヒザを引き上げます。次に、右足で相手の左腿あたりを蹴って隙間をつくり、自分の体の方向に向けて足を抜きます。足を抜く際にやりがちなのが、最初から左足を相手の足に当てて抜こうとすること。これでは畳と接する部分が頭、左ヒジ、右つま先の3点だけになり、抜こうとすると重心が上がってしまうため、非常にバランスの悪い状態となります。できるだけバランスを保つために、頭、右つま先、左ヒジ、左ヒザ、左つま先の5点で支えるというように、接地面を多くして重心を低くします。

技の極意 （その7） 右肩で圧をかけ続ける
（写真 **8** ～ **10**）

足を抜くとき、上半身は相手が体を起こさないよう、自分の右肩を相手の右顔あたりに押しつけるように圧をかけます。こうすることで、相手は体を伸ばした状態になり、力が入らなくなります。こうして、しっかり上半身を極めておくことが足を抜きやすくする重要なポイントです。

NG 圧をかけ続けない

相手の顔あたりに圧をかけておかないと、相手は体を丸めて足にしがみついてきたりします。この状況だと足を抜くことが困難になります。

技を自分のものにしていくために必要なこと

トップ選手たちは、それぞれ自分の柔道スタイルに合った技や組み手を自分自身で確立していきます。今回、紹介させてもらった技は、私が自分なりに、どうしたら相手にかかるかということを考えながら、練習で培ってきたものです。

私の場合、同じ階級の選手だけではなく、大きな選手と戦う機会も多くありました。軽量級と重量級では組み手が異なります。軽量級ではすばやい組み手が必要ですが、重量級との対戦では組み手の回転が遅くなります。また、外国人選手は日本人選手にはない変形の組み手やパワーがあります。そうした、さまざまな相手と対戦することで対応力を養い、自分なりの組み手、体のさばきを身につけていくことができました。

大きな選手との試合という部分で言うと、高校時代、全国高校選手権に出場し、無差別級で優勝したことがあります（当時、66kg級）。そのときの技のほとんどがかつぎ技です。背負投、一本背負投をはじめとしたかつぎ技はそれくらいやり込んできた技で、今では体に染み込んでいます。

最初のきっかけはおそらく父の存在です。真似をしようと思ったわけではありませんがすぐ近くで見て育ってきたので、父から受け継いだ背負投、柔道スタイルが基本になっているのでしょう。そ

れに加えて、私自身がその後影響を受けた選手を真似て形にしてきたものがあります。もっとも影響を受けたのは、オリンピック3連覇を果たした野村忠宏氏。その背負投のビデオを何度も繰り返し見て真似をして形をつくり、自分なりに改良する、そういった作業を何度も何度も繰り返して、私のオリジナルの技ができていったのだと思います。

オリジナルの技の一つである「秋本返」が誕生した背景も紹介しましょう。高校時代、寝技だけを練習する寝技合宿がありました。この合宿では、寝技で「一本」とらないと休むことができません。一人抜け、二人抜け、していくなかで、なんとか休憩したい一心で考え出したのが、「秋本返」です。いわば、苦し紛れから始まった技というわけです。本気で研究を始め、試行錯誤し、形になるまで1年半ほどかかりました。最終的には、「負けたくない」「勝ちたい」という気持ちが、実戦で使えるものにしたのだろうと思います。

このように自分に合った技が生まれてくるにはさまざまな要因がありますが、なにより大事なのは、それを実戦で使ってみること。実際に使って、そこからまた課題を見つけ改良していく、そうした行程が一番大切なのだと思います。

第2章
福見友子六段の極意

左組み 受け：佐藤奈津実（旧姓／五味）

東京2020オリンピック柔道競技女子48kg級・52kg級担当コーチとして、試合場のコーチボックスに凛として佇んでいた姿をご記憶の方も多いと思います。ご自身も素晴らしい選手でした。同じ階級のYAWARAちゃんこと谷（旧姓・田村）亮子選手が全盛期の頃、高校生ながらシニア大会に出場。北京オリンピックの前年には全日本選抜体重別決勝で谷選手を破って優勝しました。国民からの絶大な人気を誇る選手に勝ち、一躍注目の人となった苦悩は大きかったのではないでしょうか。この頃から、私は福見選手に注目するようになりました。 ひたむきな努力で世界を制し、2012年ロンドンオリンピックに出場された福見六段の考え抜かれた技術をご紹介いただきます。（竹内師範）

小内刈 KO-UCHI-GARI

▶ 最後までしっかり決めきる

引き手側から

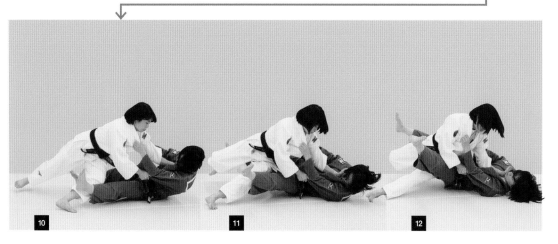

動画はこちらから

「受け」が高い位置で釣り手を持っていると仮定する。そのまま入っていくと返される危険性があるので、引き手で相手に圧をかけ（相手を下に落とし）、釣り手のヒジを押しつけて、「受け」を『く』の字の状態にする（写真 **1**〜**4**）。1歩目の左足で踏み込み、2歩目の右足を継ぎ、3歩目の左足で刈る（写真 **5**〜**12**）。

釣り手側から

上半身で相手をコントロールする
（写真1〜4）

　引き手で相手の釣り手を引く人を多く見かけます。私の場合、引くのではなく下に落とし、圧をかけます。落とすことができないときは、張っている状態をつくります。釣り手はヒジをたたみ、ヒジの先端部分を相手のみぞおちに相手が「うっ」となるくらい強く押し

つけて、この状態をキープします。以前は相手のアゴを突き上げることを意識していましたが、背が高い相手や腰を引いている相手には届かないことから、このやり方にたどり着きました。このように釣り手を使うことで、アゴを突き上げるような形になります。

技の極意　その2 崩しは「く」の字に
（写真1〜4）

　上半身の崩しは、相手を「く」の字にすることがねらい。「く」の字にすると片方の足（写真は左足）に体重がかかることになるので、その足を刈ります。自分

の体が「く」の字にならないよう、まっすぐな体勢を保ってください。

必ず踏み込んで、足を継ぐ
（写真 1 ～ 4 ）

相手との間合いが遠くても、踏み込んでから刈ります。1歩目の踏み込みは相手の体勢を「く」の字にするとき。相手の左足のやや前あたりですが、このときの踏み込みの位置はさほど重要ではありません。大事なのは2歩目で、右足で必ず継ぐこと。左足と右足でしっかり姿勢を保ちます。

技の極意 その4 最後まで決めきる
（写真 5 ～ 12 ）

2歩目で継いだ右足を軸にして、左足で刈ります。刈るときは腰を前に出し、左足首を相手の左足にしっかり引っ掛けます。畳の目と相手の足先が向いている方向に合わせて刈ると、刈りやすくなります。相手が後ろに倒れたら、そのまま相手の体に乗るように釣り手と引き手で極めます。足を刈って終わりではなく、最後までしっかり決めきることを大切にしています。

NG 腰が引ける

刈るときの姿勢も大切。腰が引けた状態では足を刈ることができない上に、相手から支釣込足などで返される恐れもある。

小内刈 KO-UCHI-GARI

ケンカ四つ

技の極意　その1　釣り手の手首を返す
（写真1 2）

引き手を探りあっているとき、釣り手をそのまま持っていると相手に引きつけられてしまいます。それを避けるため、ヒジが曲がらないよう釣り手の手首を返します。こうすることで、相手に腕の上から圧をかけられてもヒジを曲げさせられることを避けることができます。

NG　組み手がそのまま

釣り手をそのままの状態にしていると相手から脇を締められて引き寄せられ、組み負けてしまう。

相手は上から、自分は下から釣り手を持ち、引き手を探りあっている状態と仮定する（写真**1**）。釣り手側の手首を返してヒジを折られないようにしてから肩を入れるように腕を伸ばし、その釣り手を横に開いて「受け」を左にいなし、右足で踏み込む（写真**2**〜**4**）。釣り手のヒジをたたんで「受け」を引きつけ、左足で刈る（写真**5**〜**12**）。

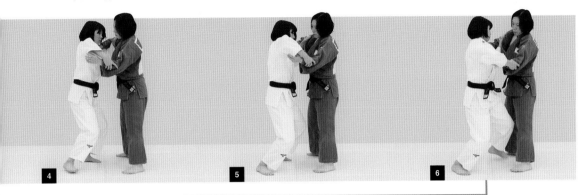

技の極意 その2 1歩目は相手の正面に向けて入る
（写真**1**〜**4**）

ケンカ四つの組み手では、体勢は「ハ」の字になっています。そのままの状態で相手に向き合おうとすると、右足のつま先は外を向いた状態となります。そこから技に入ろうとすると、体が流れてしまいます。そこで、右足のつま先を相手の正面に向け、正対する形をつくってから技に入ります。

NG 右足のつま先が外を向く

相手と正対する姿勢をつくりたいので、動きの中で右足のつま先が外を向かないように注意。

小外刈 KO-SOTO-GARI

相四つ

- -

▶ 組み手の攻防の中で生まれた

技の極意 その1 組み手で先手を打つ
（写真１２）

相四つの場合、組むまでに時間がかかります。組み手争いで互いに袖口を絞り合うため、それを切るまでに時間がかかるからです。そのため、技に入るまでに1テンポ遅れます。国際大会などではその時間も惜しく、そこを省くために考えたのがこの組み手です。絞り合いになる前に、引き手で叩くようにして相手の釣り手を持ちにいきます。同時に、圧をかけるように相手の手首を押さえます。

NG 袖を絞り合う

相四つでは、組み手争いで絞り合う状況がしばしば見られる。これを避けるため、瞬時に釣り手を持てるのが叩き持つ組み手。

動画はこちらから

組み手争いで釣り手を持てないと仮定する（写真**1**）。引き手で、「受け」の左手を叩き持ちにいき（写真**2**）、釣り手を差しながら左足で1歩入り、右足を継いで、左足で小外刈（写真**3**〜**8**）。ケンケンで追っていく（写真**9**〜**12**）。

技の極意 その2 股関節を使って引き上げ、ケンケンで追う
（写真**7**〜**12**）

刈るというよりも引っ掛けるイメージです。刈り足の左足は股関節から使います。足首をフックのように使って相手の右足に引っ掛け、股関節をたたむような気持ちで使って引き上げて、相手が後ろに倒れるまで右足でケンケンしながら追っていきます。ケンケンするためにはヒザにタメが必要です。

Point!

刈る際にはヒザを軽く曲げ、タメの余裕をつくっておく。

小外刈 KO-SOTO-GARI

ケンカ四つ

動画はこちらから

　相手は下から釣り手、自分は上から釣り手を持っていると仮定する（写真 **1**）。釣り手をたたんで間合いを詰め、引き手で相手の襟を持ち、「受け」の重心を前屈みになるよう崩し、前足（右足）に左足を引っ掛ける（写真 **2** ～ **6**）。そのまま自分の足元に落とすイメージで倒す（写真 **7** ～ **10**）。

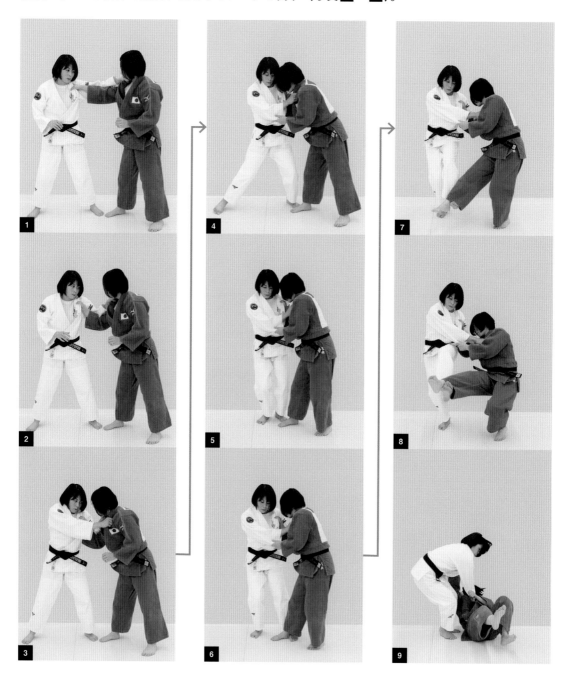

技の極意 その1　間合いを詰めて崩す
（写真1～4）

釣り手を上から持って
いるので間合いを詰め
るために相手を引き寄
せます。そして、引き
手も使って相手の体勢
を前に崩します。

技の極意 その2　真下に落とすイメージで刈る
（写真6～9）

相四つのときは相手を追いながら後ろに倒しますが、
ケンカ四つの場合は相手を自分の足元に落とすイメー
ジで刈ります。必ず左足で踏み込んで右足を継いで姿

勢を安定させます。引き上げるときは股関節をたたむ
ように使うことで相手が倒れやすくなります。

股関節をたたむように使う

技の極意 その3　足首をフックのように使う
（写真5～7）

刈るときの足は、左親
指の付け根あたりを相
手のかかとから差し入
れ、足首をフックのよ
うに使って相手の足に
引っ掛けるのがポイン
トです。

背負投 SEOI-NAGE

相四つ

▶ 相手の力を利用して投げる

引き手側から

動画はこちらから

　相四つでしっかり組み（写真１）、「受け」の体を下に引き落とすように動かす（写真２）。「受け」が前に崩されるのを嫌がって体を起こしてくる力を利用して、回転しながら腰を落として懐に入り込む（写真３〜６）。そのままの流れで投げ切る（写真７〜12）。

釣り手側から

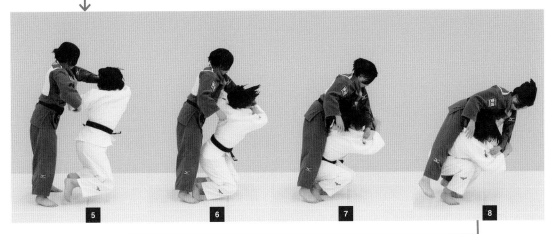

技の極意 その1 相手の力を利用するため、圧をかける
（写真1～2）

自分から入っていき、背中で背負い上げて投げる背負投をする選手が多くいますが、私の場合、それができるほどのパワーはありませんでした。そこで、相手の重心が下になるよう圧力をかけ、上に上がってくる反動を利用して潜り込んで投げるこの背負投にたどり着きました。もっとも大事に考えていたのは、最初に圧をかけるところです。釣り手と引き手両方の手首を内側に絞るように使って腰を落とし、相手を真下の方向に押さえつけます。

手首を内側に絞る

技の極意 その2 全身で相手を前に引っ張り出す
（写真2 3）

相手は下に力をかけられた反動で上に上がってくるので、そこをねらいます。下にかけた圧は私にとって体の「タメ」。引き手で相手を引き出すのではなく、そのタメを使い、股関節から背筋にかけての力を利用します。下に腰を落とした状態から上へ伸び上がる、股関節のバネと背中の力をフルに使って、相手の体勢を前方へ引っ張り出します。それが次の回転する力につながります。

NG 手だけで引き出す

引き手を引き、手だけの力で引き出している。これでは十分な回転力を得られない。

腰を起こした状態で投げる

（写真 7 ～ 12）

左足を軸にして回転し、腰を落とします。かかとを軽く浮かせ、つま先を前に腰を起こした状態が投げるための必要な姿勢です。それができたら、崩し切った相手の中に入り込んで投げればいいだけです。

かかとを浮かせて腰を起こした状態。

...

NG ガニ股で前かがみ

ガニ股で前かがみになったような状態ではうまく投げることができない。

福見流　背負投練習法

小学生の頃によくやった練習です。相手と組んでいるとイメージし、下に圧をかけてタメをつくった状態からスタート。右足を大きく引きながら回転し、両足のつま先をまっすぐ前に向けて腰を落とす。畳1畳を目標に、大きく回転するのがポイントです。実際の試合ではここまで大きくは引き出しませんが、これを繰り返すことで背筋や脚力を鍛えることができました。

福見オリジナル
小内刈→背負投

動画はこちらから

　ケンカ四つの相手と組み（写真**1**）、まずは小内刈で仕掛ける（写真**2**
3）。相手が耐えて前に戻ってきたところで背負投に入る（写真**4**〜**6**）。

技の極意　相手の重心が前にあるかどうか
（写真**1**〜**4**）

小内刈を仕掛けても相手の体勢が十分に崩れず重心が前にあり、な
おかつ間合いがあって自分の下半身にタメができている状態になっ
ていたら、背負投を選択します。

NG 無理に背負投に入る

相手の体勢が後ろにある、もしくは間合いが
ない場合、背負投に入ってもかからない。判
断を間違わないように注意。

動画はこちらから

福見オリジナル
小内刈→小内刈

　小内刈を仕掛けて相手が耐える（写真**1**〜**3**）。その後の姿勢を見て戻ってこないようだったら（写真**4**）、連続でもう一度小内刈にいく（写真**5** **6**）。

技の極意　相手の後ろに重心があればもう一度
（写真**1**〜**4**）

小内刈を仕掛け、相手の重心が後ろに崩れている場合は流れに逆らわず、
もう一度相手を後ろに倒す小内刈を選択します。

福見流速攻技

▶ カメになった相手を速攻で返す

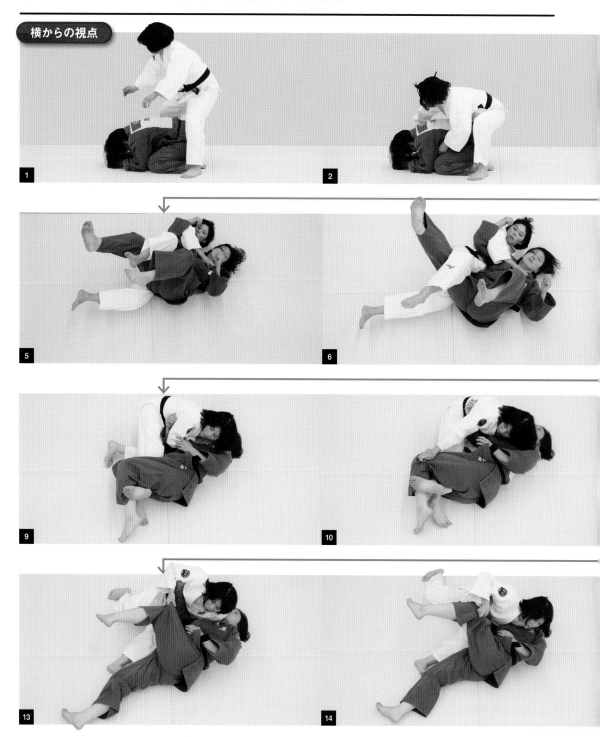

横からの視点

カメの状態となった「受け」を後ろから抱え上げるようにして仰向けに引き落とす（写真 **1**〜**5**）。「受け」の上半身を抑込みながら、からまれている足を抜いて横四方固に入る（写真 **6**〜**16**）。

ここからは上からの視点

技の極意 その1 相手をまずは引き上げる
（写真 **1** **2**）

カメの状態となった相手を一つひとつ崩していくとなると非常に時間がかかり、審判から「待て」がかかってしまいます。そこで、身につけたのがこの技です。こうすることで、カメになった相手を返す時間を短縮することができます。手が入るところを見つけ、カメの状態となっている相手を引き上げます。もっとも持ち上げやすいのは首と肩の間、脇の下です。大きな荷物を持ち上げるように腰を落とし、体の力を使って持ち上げます。

一方の手を首と肩の間、もう一方の手を脇の下に入れ込む

技の極意 その2 お尻をずらしながら一緒に倒れる
（写真 **3**〜**5**）

後ろに相手を引き込みながら倒れ込みます。このとき、そのまま抱えて倒れると、自分が下になってしまいます。相手の背中だけが畳につくよう、自分のお尻の位置を横にずらしながら倒れます。

NG 真後ろに倒れる
お尻をずらさずそのまま真後ろに倒れると自分が下になってしまって抑込みにいけない。

技の極意　その3　自分の足を必ず掛けておく
（写真 4 5）

理想の形は左手が相手の腕枕、右足が相手の足に引っ掛かっている状態です。
足が掛かっていないと、相手に逃げられてしまうからです。

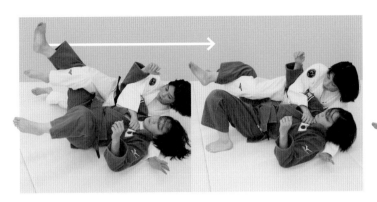

NG 足が掛かっていない

足が掛かっていないと相手の体は自由なので回転しやすいほうに回って逃げられてしまう。

技の極意　その4　相手を逃さず、お尻をずらす
（写真 7）

写真の場合、自分の体が相手の右側にあるため、相手は左側に逃げようとします。右手で襟を握って自分のほうに寄せながらお尻の位置を少し後ろにずらします。

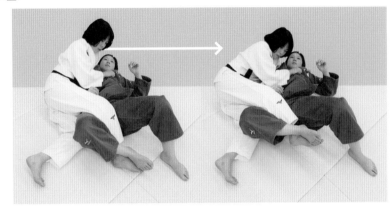

技の極意　その5　蹴りながら足を抜く
（写真 10〜13）

次に、右手で相手のズボンのヒザのあたりを持ち、お尻を下げて空いたところに左ヒザを持ってきます。

左足で相手の右足を蹴りながら自分の右足を抜きます。そして、そこから横四方固に入ります。

右手でヒザあたりをつかんで引き上げるように

からまれていない足で蹴りながら、足を抜いていく

Column ② 福見友子
柔道は相手があってこそ柔道

　現在世界で行われている柔道は、釣り手と引き手をしっかり組み合って攻防するより、柔道衣に引っ掛ける、あるいは袖のあたりを持って技に入るといったものが主流です。「日本の選手は組んだら強い」とよく言われますが、なかなか組ませてもらえないのが現状です。そうした背景があるからか、組み手の技術が廃れていっているような気がします。

　しっかり組んで投げる柔道は、やはり基本で素晴らしいものです。中学生・高校生には、ぜひ組み手の技術の向上も目指してほしいと思います。握りを深くすることによって相手にプレッシャーをかけることができ、下に落とす、道衣をずらすことなどができるようになり、投げる技術も格段に向上します。また、この握る力は普段の練習からやっていかないと身についていきません。今は土台をつくる時期。日頃から基礎を大切に練習してください。

　組み手の技術同様、技を身につけていくことも簡単ではありません。私の場合、一つの技を身につけるとき、体のパーツの力、例えば軸足の踏み込む力や上半身の力で投げるということではなく、体すべてを連動させて技を掛けることを意識していました。畳を踏む足元から伝わる力を全身に行き渡らせて、それを相手に伝えるのです。さらに

いえば、相手の力をも利用することができれば、一番強いのではないかと考えていました。

　しかし、現役時代、これは非常に難しいものがありました。自分だけの体を動かすのではなく、相手の体も動かし、なおかつ移動しながら力を伝えることが求められるからです。

　柔道は相手があってこそ柔道です。一人よがりになってはいけません。ときどき、自分だけで柔道をしているような選手を見かけます。自分が掛けたい技をひたすら一生懸命にやっている選手もいます。例えば、後ろの技を選択すれば相手は簡単に倒れる体勢になっているのに、前への技ばかり出していたりします。相手にまったく効いていないから、相手はただ立ったままの状態になっているのです。

　私は相手をどう動かし、どう崩すか、どのように自分の力を伝えるか、そこを一番に考えてきました。そうすることで自分のフォームが決まってきます。自分のフォームが決まっていても、相手によってはそのフォームでは投げられないのが柔道なのです。相手とどう駆け引きするか、いかに自分の技にしていくか、最終的に自分の技になったかどうかの判断は、その技を言葉で説明できるかどうかです。たくさん練習して、自分の技をつくっていってください。

第**3**章
飛塚雅俊五段の極意

右組み （受け：池田　希）

　2001年ミュンヘン世界選手権代表の飛塚雅俊五段は、大学の後輩であり、大学に異動するまで勤めた東海大学付属浦安高校で、生徒たちを強くしたいと一緒に指導に当たりました。柔道には「理合」があり、よく「理にかなった技」と評することがありますが、飛塚五段の技はまさにそれでした。技はどれも独特で、考え方、入り方にすべて理論がありました。しかも、度胸がいる技でもありました。これからさらに上を目指す選手たちに、ぜひ彼の技、彼の考え方を学んでほしいと考え、今回、協力を依頼しました。これらの技を覚えたら、おそらく、強力な武器になるはずです。（竹内師範）

小外掛 KO-SOTO-GAKE

相四つ

動画はこちらから

▶ 相手が嫌がる組み手を研究してたどり着いた

相四つで組み、胸をつけるようにして「受け」の右足の横に左足を踏み込んでいく（写真 **1** 〜 **3** ）。「受け」が右足を引いたタイミング（写真 **4** ）で自分の右足を踏み込みながら「受け」の左足に掛けて倒す（写真 **5** 〜 **10** ）。

技の極意 その1 ケンカ四つの体勢をつくる

（写真 1 〜 5）

相手の左足に掛けるのでケンカ四つの状態だとねらいやすいのですが、相四つの間合いでは少し距離があります。そこで、掛けやすいケンカ四つの体勢をつくります。相手の右足に1歩目となる左足を当てます。当てるだけだと相手は切り返すことができず、足を後ろに引くしかなくなります。この動作を入れることで、ねらっている左足がちょうど前に出る形になります。

NG 足を掛けにいく

足はあくまでも当てるだけ。掛けにいくと大内刈で返される恐れがあるので注意。

技の極意 その2

足先は同じ方向を向ける

（写真 6 〜 10）

相四つで技を掛けるときの足先は、同じ方向を向いている体勢がもっとも安定し、力が入ります。相手の右足に当てに行く1歩目の左足、小外掛を掛ける2歩目の右足、どちらも同じ方向（前方）に向けます。

技の極意 その3

釣り手と引き手をハンドルのように使う

（写真 6 〜 10）

2歩目の右足で小外掛を掛けるとき、釣り手と引き手をクルマのハンドルのように使います。釣り手を上から下に、引き手を下から上に使い、相手の重心が左足に乗るように上半身を崩します。

技の極意 その4

足は刈らない

（写真 6）

小外掛は刈り技ではないので足は刈りません。刈ろうとすると大内刈で切り返される恐れがあります。相手の左ヒザの裏、もしくは太ももの下あたりに右ヒザを当てます。技の極意その3で説明した方法を使ってしっかり脇を締め、相手の上半身を回して倒します。

小外掛 KO-SOTO-GAKE

ケンカ四つ

技の極意 その1 フェイント使って 技を掛けたい足に重心をかけさせる

（写真 1 ～ 8 ）

内股などで前に入るとき、体を横にさばかれると引き手が引けなくなり、技を掛けづらくなります。大外刈も腰を切られてしまうと遠くなり、技を掛けにくい状況となります。そんなときに使ったのが、この小外掛です。前技に入る要領で腰を切り、右足を振り上げる動作をします。相手は技を掛けられないよう腰を切り、体をさばくので、わずかな瞬間だけ左足に体重がかかった、小外掛を掛けやすい体勢になります。

「受け」の左足に重心がかかった

内股や大外刈など前技の要領で腰を切る（写真 **1** ～ **4**）。技を警戒した「受け」が体をさばいたら、右足を後ろに振る（写真 **5** ～ **8**）。右足を「受け」の左足後ろに差し込み、「受け」を後ろに倒す（写真 **9** ～ **12**）。

技の極意 その2 軸足と掛ける足の足先を しっかり前に向ける

（写真 **9**）

右足を後ろから差し込むときは、足先の方向に注意が必要です。両足先とも前に向け、体勢を安定させて入ります。相手のヒザの後ろに自分のヒザが当たるようにすると、相手を倒しやすくなります。また、相四つの場合と同様、右足先が横を向いていると大内刈で返される恐れがあるので、注意してください。

小外刈 KO-SOTO-GARI

ケンカ四つ

動画はこちらから

▶ 力を伝える技のスタート地点となった一本

　釣り手で「受け」の背中を持つ、または脇を差す（写真■■）。左足で踏み込んで、「受け」と正対する（写真■）。「受け」の

左足を右足で後ろから引っ掛けて倒す（写真■〜■）。

背中を持つ

脇を差す

技の極意 その1 相手の釣り手を操作する
（写真**1**）

相手が釣り手を立てて前襟を持っていると、相手の体を寄せることができず、邪魔になります。その場合、奥襟をとり、引き手で相手の釣り手の手首を引いて相手の左肩を自分の胸につけます。

Point! 袖でもOK

手首ではなく、袖を引いてもかまわない。

技の極意 その2 投げる方向へ足を向ける
（写真**2 3**）

小外刈では相手を真後ろに刈りますが、このときの足の向きは小外掛同様に重要です。踏み込む1歩目の左足は、つま先を投げる方向に向けます。左足のつま先が横を向いていると、大内刈で切り返される恐れがあるからです。足先が相手の方向に向いていることでしっかりと胸が合い、刈りきることができます。

NG つま先が横を向く

つま先が横を向いて技に入ると、大内刈で切り返される可能性がある。

技の極意 その3 刈る足に重心をかける
（写真**4 5**）

足の向きを相手に向けたら釣り手でしっかりと相手の左脇を締め、引き手を相手の右脇下から差し込んで引き上げ、刈るほうの左足に重心がかかるようにします。そして、相手の左ヒザに右足を引っ掛け後ろに倒します。

飛塚オリジナル
小外掛→大外刈

技の極意 **その１** ## 足を当てる
（写真 **1** ～ **5**）

まずは小外掛で相手の足
に当てにいく、これが重
要です。足に当てられて
なんの反応も見せない柔
道家はいないからです。
相手は掛けられるのを避
けようと多くの場合左足
を引いてくるので、右足
が前に残った状態となり
ます。

動画はこちらから

ケンカ四つで組み、小外掛にいく（写真 **1**〜 **3**）。このときの右足は当てるだけ。「受け」は掛けられまいと左足を引く（写真 **4**〜 **6**）。左足で大きく踏み込み、大外刈にいく（写真 **7**〜 **12**）。

技の極意 その2 右足と同じラインに踏み込む
（写真 **7**）

相手の右足が前になったら、大外刈に転じるチャンスです。左足で大きく踏み込みます。踏み込む位置は、相手の右足と同じラインです。

膝固 HIZA-GATAME

▶ 逃げられたり、防がれたりしたときに使った引込返からの固技

返して抑込む

動画はこちらから

　腹ばい、もしくはカメの状態になった「受け」に対して左手で奥襟、右手で帯を持つ（写真 **1** **1**）。足を差し込んで相手を返そうと試みる（写真 **2**）。体に乗ってきた場合、そのまま返して抑込みにいく（写真 **3** 〜 **6**）。嫌がって下がった場合（写真 **2** **3**）や、防いで手を出してきた場合（写真 **4**）は膝固にいく（写真 **5** **6**）。

膝固めにいく

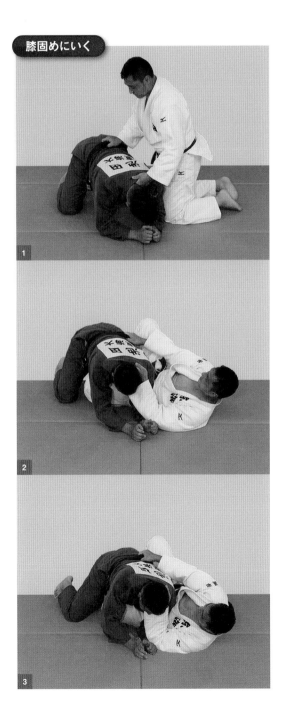

技の極意 その1 奥襟と帯を持って返す
（写真 1〜 6 ）

腹ばいになっている相手の場合、奥襟と帯を持って右足先を腹ばいになっている体の下に差し入れ、持ち上げながら畳と体の間に隙間をつくって左ヒザを入れて、左腰のあたりに相手が乗り上げるような体勢となります。相手が上に乗り上げてきたら、左手を相手の右脇下から入れて返します。

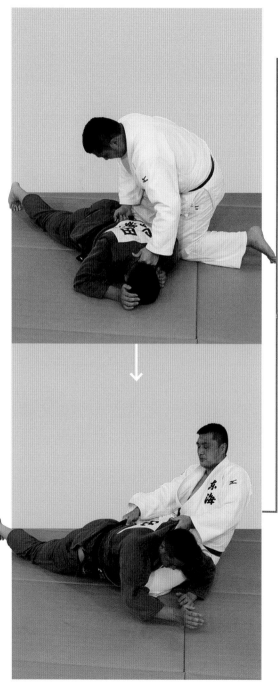

相手の畳と体の間に隙間をつくってヒザを入れていく

相手が乗ってきたら回転させる

下がったら膝固に

（写真 2 3 6）

相手がその状況を嫌がって下がっていったら、左手をとって
右ヒザを上げ、左肩からヒジにかけて挟んで固めます。

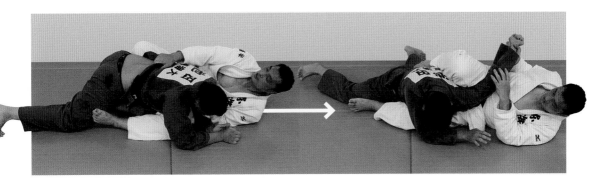

技の極意　その3 手を出してきたら膝固に

（写真 4 ～ 6）

帯をとって返そうとしたとき、それを防ごうと相手が
体の脇に左手を出してきたら、左足で相手の右足を

蹴って体勢を崩し、左手をとって同様に右ヒザで固め
ます。

技の極意　その4 極めるときは親指上、小指下

関節技の基本は親指上、小指下。右手を相手の手首、左手の
ひらを相手のヒジに当ててそれぞれ内側に押します。

NG 親指が下向きで極めにいく

親指下、小指上の状態では極まらない。

Column ③ 飛塚雅俊
小外刈と小外掛

　小外刈と小外掛。二つの技の違いは、技を掛けるときに「足が畳から離れているかどうか」にあります。小外刈は刈る技であり、相手に足を掛けたときの体勢は、足が畳から浮いている状況になります。片足が浮いているため、返されるリスクがあります。一方の小外掛は掛けるだけなので、畳にしっかり足をつけた状態です。両足が畳についているので体勢が安定し、返されるリスクが低くなります。技を相手から掛けられたくない私は、どうしたら返されるリスクを減らすことができるかを考え、たどり着いたのが今回紹介させていただいた小外掛です。

　一方、小外刈も自分なりに研究して自分の武器にしてきた技です。奥襟をとることが禁止されていた中学時代、上背があった私は前襟を持って掛けることがやりにくくて仕方ありませんでした。高校生になって奥襟をとって柔道ができるようになり、とても嬉しかったことをよく覚えています。そんなときに習ったのが、小外刈でした。使えるようにするために、いかに「釣り手と引き手を使って刈るほうの足に重心がかかるようにするか」「自分が両足でもっとも頑張れるところ、相手の片足に重心がかかるところをつかむか」を考えました。また、相手が嫌がることをやってみようと思い、奥襟を持つ私なりの小外刈ができました。当時は外国人のように背中を差してくる柔道をするような選手は日本人にはいなかったからです。

　そして、この小外刈から技が広がり、中学までは目立った成績がなかった私が世界選手権に出場できるまでになりました。そういう意味で、私にとって小外刈は、競技者としてのスタートになった技だと思います。

　一つの技を身につけることは決して簡単なことではありません。私のやり方が正解ということで

もありません。真似から始めて工夫を加え、何百回も何千回も繰り返します。最初は誰かの真似でもやっていくうちに自分なりの形になっていくはずです。簡単にできたことはすぐに忘れてしまいますが、何回も工夫してできあがったものは、いざというときに助けてくれることでしょう

　ただ、小外刈も小外掛もその技だけに頼ってはダメだと思います。どちらもあくまで飛び道具のような技なので、内股、大外刈など武器になる得意技があってはじめて効果を発揮します。得意技を磨き、ここ一番の頼れる存在として使ってほしいと思います。

　現在の柔道は情報戦です。情報を集め、考え、準備して戦うことが求められるので、本当に厳しい時代だと思います。だからこそ、若いうちから考え、勉強することが大切。中学生、高校生は特に基本を大切に、体と頭を鍛えてください。

第4章
ベイカー茉秋三段の極意

右組み 受け：宇田川力輝

　ベイカー茉秋の柔道は一見、パワー柔道のように見えますが、ていねいに、ていねいに、組み手を妥協せず、思いきりいくという、実は繊細な柔道です。

　そんな柔道をするベイカーですが、出会った頃は「華奢で笑顔の可愛い中学生」にすぎませんでした。教え子となり、見た目と異なる身体能力の高さと柔道センスに魅せられ、「まずは団体戦のエースになりなさい」と指導したところ、その期待に応えるようにみるみる成長。オリンピックという最高峰の舞台で金メダルを獲得し、指導者として最高の喜びを私にもたらしてくれました。現役選手としてまだまだ進化中のベイカー茉秋に、世界で戦うために身につけた技を紹介してもらいました。（竹内師範）

師弟対談 ❶ ベイカー茉秋編

著者が育てた二人の金メダリストとの特別対談。
まずは2016年リオデジャネイロ・オリンピック90kg級金メダリストの
ベイカー茉秋との対談からお届け！

世界を目指すきっかけ

竹内　茉秋に将来性を感じたのは、高校1年の終わりくらいだった。国体で兵庫へ遠征に行ったこと、覚えてる？

ベイカー　覚えてます。高校1年のときです。

竹内　そう。当時、茉秋は国体選手ではなかったんだけど特別に連れて行き、兵庫の重量級チャンピオンと練習試合をやらせたんだよね。

ベイカー　その頃、僕は66kg級で、県大会2回戦負けの選手でしたね（笑）。

竹内　相手は190cmくらいある大きな選手だったのに、その選手を相手に茉秋はすごい試合をしたんだよね。それだけの体格差があれば、普通は腰が引けるのに、飛び上がって頭を下げさせようとするんだよね。何度も、何度も、飛び上がって奥襟を取りにいく。その度胸と根性と身体能力に驚かされ、これは世界をねらえる逸材だと感じたんだよ。

ベイカー　僕、覚えてないんですけど（苦笑）。

竹内　途中で「有効」だったか、何か取られたんだけど、今度は取り返そうと必死で何度も飛び上がる。周りの先生方が驚いて、「あれは何者だ」って。

ベイカー　それで僕は勝ったんですか？

竹内　「有効」を取られて負けた（笑）。でもね、私はその先生方に言ったんだよ。「あの子は絶対世界にいく。見ててくれ」ってね。

ベイカー　そもそも兵庫遠征は県大会2回戦負けの僕が行くようなところではなかったので、選ばれたことがすごく嬉しかったことは覚えてますね。期待されているって。その期待に応えたいという一心だったんだと思います。だいたい、当時の僕はまだ、高校3年生でインターハイに出られたらいいなというくらいの選手でしたからね。

竹内　偶然も重なったんだよね。当時のチーム

は、66kgの茉秋をエースにするしか勝つ方法がなくて、茉秋の体重を増やし、エースとして育てていった。

ベイカー　振り返ると、普通では考えられないことですよね。1年生で66kg級、しかもレギュラーでもない僕のような選手を国体に連れて行くっていうのは。でも、期待されれば頑張ろうっていう気持ちになりますし、それがモチベーションにもなっていったし、先生の高い目標設定は期待の表れなのだって素直に思いました。今の僕があるのは竹内先生の指導のおかげ。高校で日本一になっていなければ、僕は高校で柔道を辞めていたと思います。そこまでの思い入れはなかったから。自分の可能性を見出してくれて、改めてありがとうございます（笑）。

竹内　こちらのほうがありがとうございます、だよ（笑）。おかげで、いい夢を見せてもらっているからね。

二人で育てた大内刈

竹内　大内刈を意識してやらせるようになったのは、確か高校2年の夏頃だったかな。大内刈という技は片足で返される恐れがあるから、まず度胸がないとできない。重量級相手に見せた度胸とパワーがある茉秋にはぴったりの技だと思ったんだよね。思ったとおり、大内刈が中心の選手となった。まさに二人で育てた技と言えるね。

ベイカー　はい、集大成みたいな技ですよね。というのも、その得意技が知られ、研究されるようになってリオの前くらいからかな、なかなか掛からなくなり、全日本選抜（体重別選手権）でも負けてしまった。これでオリンピックは大丈夫だろうかと竹内先生に相談したところ、「長所を伸ばしたほうがいい」というアドバイスを

もらい、そこからもう一度、先生と一緒に大内刈を磨き直したんですよね。

竹内　茉秋が「サンボ背負投と大内刈、どっちで勝負したらいいか迷ってます」って言うから。

ベイカー（苦笑）。

竹内　私は即答したよね。大内刈でいけ、と。相手がどれだけ研究しても投げることができる、掛けることができる技が得意技だからね。

ベイカー　大内刈は研究されて返されるリスクがあるから、オリンピックでは別の技がいいかなという思いがあったのですが、竹内先生に相談して、曇りが晴れに変わったというか（笑）。

竹内　茉秋が研究され、迷っていたのはわかっていたんだよ。実際、選抜体重別で見た茉秋の大内刈はバラバラになっていて、威力を失っていたからね。でも、基本に返ってしっかりやれば絶対大内刈でオリンピックは優勝できるという自信があった。そう思っていた頃に、茉秋から電話をもらって「悪いところは悪いと指摘してくれませんか」ってね。そこから原点に返り、二人で基本的な練習を徹底的にやったね。

ベイカー　はい（笑）。高校時代、竹内先生に言われてよく覚えている言葉があるんですけど、それが「野球選手は強くなればなるほど、素振りなどの基本的なトレーニングをやらなくなっていく。そこで差が出てくる」なんです。自分を見つめ直さなければいけないなと思ったとき、野球でいうところの素振りは、柔道に置き換えるとなんだろうって考えて、打ち込みかなと思ったんです。確かに、考えてみると長くやってなかったなって。そこから4ヶ月、大学ではやらなかった練習を徹底的にやりました。あのとき、竹内先生にお願いして良かった。改めて本当に良かったと思います。

竹内　信頼関係があったからこそだよ。

サンボ背負投 SANBO-SEOI-NAGE

相四つ

▶ 悩んで悩んで、たどり着いた

釣り手側から

動画はこちらから

　相四つで組む（写真■）。「受け」の釣り手を一度下げてから、片襟に持ちかえて「受け」の釣り手を釣り上げて、通常の一本背負投とは反対方向に回転しながら右脇下に入る（写真■■）。ヒザを落として「受け」を担ぎ（写真■■）、自分の斜め前に投げる（写真■～■）。

背中側から

技の極意 その1 相手の釣り手を下げる
(写真 1 2)

組み手はできるだけ上から持ち、体を入れられるだけの間合いをとります。引き手は絞るように使って相手の釣り手を下げます。

技の極意 その2 片襟になり、相手の脇を固める
(写真 4 5)

相手の左襟を持っていた釣り手を右襟に持ちかえながら相手の釣り手を上げ、その下にヒザを曲げて入ります。釣り手と右肩で相手の右脇、上腕をしっかり固め、相手の体勢を前に崩します。

こぼれ話 ▶ サンボ背負投ができるまで

　大内刈が研究され、あまり掛からなくなって悩んでいたときに出会ったのがロシアの格闘技「サンボ」でした。日本はもちろん、海外でもサンボを取り入れて背負投をしている選手は見当たらなかったので、これを取り入れてみてもいいかもしれないと考え、練習を始めました。ちょうどリオデジャネイロ・オリンピックの年で、半年くらいで試合でも使えるようになったと記憶しています。オリンピックでも使いましたし、技が一つ増えたことで、得意技の大内刈がまた掛かるようになってきて戦い方の幅が広がりました。

　ポイントはできるだけ同じ姿勢から技に入ること。大内刈か背負投か、相手に迷いを生じさせることで技が効力を発揮します。

斜め前に投げる

（写真 **3** 〜 **10**）

片襟になると同時に左足で相手の両足の間あたりに大きく踏み込み、その足を軸に外側から相手の脇の下に潜り込んで、両ヒザを曲げて深く腰を落とします。ヒザを伸ばす反動を利用し、担いだ相手を自分の前ではなく、斜め前の方向に投げます。

相手の両足の間に1歩目を踏み込む

一本背負投 IPPON-SEOI-NAGE

▶ ケンカ四つの相手に使用する

技の極意 その1 相手の釣り手を絞る
（写真 1〜3）

上から釣り手を持ち、圧をかけるようにして相手の釣り手を絞ります。そうすると、相手は嫌がります。そこがねらいです。反発して外に開いてくるので、それを利用して回転し、体を入れます。

相手の釣り手を絞る

嫌って釣り手を外に開いた
タイミングをねらう

動画はこちらから

　ケンカ四つの状態から、自分の右足を「受け」の右足と直線上になるような位置に踏み出す（写真**1 2**）。その足を軸に回転しながら「受け」の左脇下に左肩から入る（写真**3**〜**6**）。釣り手と引き手で「受け」の左上腕を挟むように担ぎ（写真**7**）、曲げたヒザを伸ばす反動を利用して投げる（写真**8**〜**12**）。

技の極意 その2　手首は内側に向ける

（写真**7**）

相手の左腕を担ぎますが、このとき担いでいる手の手首は必ず内側を向いていることが重要です。手のひらが外側を向いているとずれてしまい、しっかり担いで投げることができません。

NG　手のひらが外を向く

担いでいる側の手のひらが外を向くとしっかり担げない。

大腰 O-GOSHI

相四つ

▶ 試合でよく使用する技の一つ

技の極意 その1 相手を大きく引き出す
（写真 3 4）

引き手を斜め上の方向に大きく引くと同時に、左足を後ろに引いて、相手の体勢を右前に引き出します。こうすることによって技へ入っていきやすくなります。

相四つで組み、引き手で「受け」の釣り手を斜め上に引き上げる（写真 **1** **2**）。「受け」に密着し、右釣り手を「受け」の背中に回す（写真 **3** 〜 **6**）。右腰に相手を乗せるように担ぎながら（写真 **7**）、お尻の力を利用して投げる（写真 **8** 〜 **12**）。

技の極意 その2 相手に密着する
（写真 **6** 〜 **8**）

　腰を落として釣り手を背中に回し、右上半身を相手の左半身にまっすぐしっかりと密着させます。このときの釣り手は帯ではなく、帯よりも上のゼッケンのあたりに。帯では低すぎて上体に少し隙間ができてしまうからです。また、上の位置を持つことで、自然に相手の脇が上がった状態をつくり出すことができます。隙間なくしっかり体を密着させれば相手は動けなくなり、投げられるとわかっても耐えることができません。

大腰 O-GOSHI

　ケンカ四つで組み、右足から「受け」の斜め前に１歩踏み込む（写真**1**　**2**）。釣り手を「受け」の背中に回し、引き手で「受け」の右手を大きく引いて引き寄せる（写真**3**　**4**）。右腰、右上体を「受け」に隙間なく密着させて（写真**5**　**6**）、そのまま右腰で持ち上げて投げる（写真**7**～**10**）。

技の極意 その1　右足で大きく踏み込む (写真 1 2)

ケンカ四つの場合、相四つよりも相手との間合いが広くなります。そこで、右足で大きく踏み込むと同時に

釣り手を背中に回し、右半身を相手にしっかり密着させます。

技の極意 その2　体を密着させる (写真 5 6)

投げる意識が先に立ち、体だけ前屈みのような状態になってしまうとしっかり密着させることができません。体は肩から腰まで直線になる体勢でぴったり密着させます。

NG 体が離れる

こぼれ話 ▶ 技のハイブリッド化を

　2000年初頭、僕はまだ高校生だったのですが、この当時、日本では横文字の「JUDO」は柔道ではない、などといわれていた時代でした。そうはいっても、オリンピックスポーツは勝負の世界。これからはJUDOも取り入れることができる選手が世界で勝っていくのだろうと僕は思っていました。

　2004年のアテネ・オリンピック81kg級で地元ギリシャのイリヤディス選手が優勝したのですが、その選手の得意技の一つがこの「大腰」でした。大腰はもちろん知っていましたが、組み手を大事にし、

きれいに投げる柔道をする日本人選手はあまりやらない技で、自分自身、あまり使ったことはありませんでした。初めてイリヤディス選手の繰り出す大腰を見たとき、パワーを存分にいかすことができ、多少強引に入っていくことができる魅力ある技だと感じました。「これだ」と思って練習を始めたのです。振り返りますと、僕にとってこの大腰は、これから世界のトップを目指すためにはJUDOと柔道をハイブリッドさせることが必要だと考えていた中で見つけた技の一つと言えると思います。

大内刈 O-UCHI-GARI

相四つ

▶ オリンピックを制した伝家の宝刀

引き手側から

釣り手側から

動画はこちらから

　右足を「受け」の右足の前に1歩出しながら、釣り手で「受け」の道衣を右にずらす（写真 1 2）。左足を右足に寄せる（写真 3）。同時に、引き手で「受け」の右手を自分の左肩のほうに引き寄せて密着し、右足を「受け」の内側に差し入れる（写真 4 ～ 6）。「受け」の左足を後ろから刈る（写真 7 ～ 10）。

相手の道衣を脱がすイメージで釣り手を使う
（写真 1 2）

右足で踏み込みながら
釣り手を引き上げる

相手の肩がはだけるくらい道衣をずらす

体は密着させる

相手の道衣を肩から脱がすくらいの勢いで釣り手を使うことが最大のポイントです。右足で1歩踏み込みながら、釣り手を大胆に使って道衣をずらし、引き手はしっかり引きます。釣り手と引き手で山を描くように使うとイメージしてください。そうすることで、技を掛ける相手の左足に重心を移すことができます。また、肩がはだけるくらいに釣り手を使うので、自分の釣り手が邪魔になるということもなく、体をしっかり密着させることができます。

NG 釣り手が邪魔になる

肩がはだけるくらいずらさないと自分の釣り手が邪魔になり、体を密着させることができない。

体を密着させることが次につながる
（写真 3 4 5）

最後に足を刈りますが、実際は足を掛け、ケンケンで追い込んで相手のバランスを崩して倒します。そのために非常に重要になるのが体の密着です。密着できず、少し体の距離があるままケンケンで追っても、トントンとどこまでも同じリズムで進むだけで、相手のバランスを崩すことができないからです。体が密着していると力をダイレクトに伝えられるので、相手は体勢を保つことが難しくなります。

Point! 体を密着させる

体が密着していると力がしっかり伝わるため、相手は姿勢を保てない。

（写真 **5** 〜 **10**）

相手が耐えられなくなって後ろに倒れるのにはもう一つ理由があります。軸足の速さです。大内刈というと、一般的に刈るほうの足を意識しがちですが、実は刈る足は相手に当てるだけ。相手が後ろへ倒れるまで軸足の力でケンケンしながら追い込んでいきます。このとき、相手が後ろに下がって逃げる速さより軸足のスピードのほうが速ければ相手は後ろに倒れるしかなくなります。つまり、密着と軸足のスピードがこの大内刈の大事なポイントなのです。特に、刈り足を当ててからの1歩目、2歩目のスピードが重要です。

Point! 足は当てるだけ

足は刈らずに当てて動きを止めるだけでOK。

NG 体が離れている

体が密着していないと追っても逃げられてしまう。

大内刈 O-UCHI-GARI

ケンカ四つ

技の極意 その1 釣り手の手首を肩に乗せる (写真1 2)

ケンカ四つの場合、相手との間合いが広くなります。このときの釣り手は相四つのときとは逆に下げず、下から持って手首を相手の肩に乗せます。

動画はこちらから

「受け」の重心を右足に移すために、釣り手と引き手で相手を崩す（写真 1 〜 3 ）。その状態を保ちながら、右足を差し入れて「受け」の左足に引っ掛け（写真 4 5 ）、軸足でケンケンしながら斜めの方向に押しながら倒していく（写真 6 〜 12 ）。

4　　5　　6

10　　11　　12

技の極意 その2 内股気味に追っていく
（写真 5 〜 10 ）

ケンカ四つからのケンケンでの追い込みは、内股を掛けるときのような要領で追っていきます。

大内刈 O-UCHIGARI

▶ 背中を取られた場合に使用する

技の極意 その1 帯を持って距離をとる
（写真 1 2）

外国人選手の場合、背中を持ってくることが多くあります。その場合、つぶれてカメになって逃れようとする選手がいますが、僕の場合、相手と距離をとって対応します。背中を取ってくる相手に対して距離をとると、相手はその距離を詰めようと引きつけてくるので、そこをねらいます。

相四つの「受け」に帯を取られ、頭を下げさせられる（写真1）。釣り手を奥襟、引き手を帯に回し、距離をとる（写真2）。「受け」が離れた距離を詰めようと引きつけてきたその瞬間（写真3）、右足を差し入れて大内刈に入る（写真4〜12）。

技の極意 その2 距離を詰めてきた瞬間がチャンス
（写真3）

相手が距離を詰めてこようとした瞬間、チャンス到来です。相手から密着してくる上に、引きつけることで相手の重心が後ろにあるからです。すかさず大内刈に入ります。

大内刈 O-UCHI-GARI

応用編②相四つ

動画はこちらから

▶ サンボ背負投に入るイメージで使う片襟の大内刈

　相四つの「受け」に対し、右襟、右袖を持つ（写真**1**）。引き手を引きながら、釣り手で「受け」の右肩あたりを押すようにしながら距離を縮める（写真**2** **3**）。右足を差し入れて「受け」の左足に引っ掛け、軸足ケンケンで追いながら後ろに倒す（写真**4**〜**6**）。

技の極意 その1 相手の釣り手を釣り上げる
（写真**1** **2**）

相手を近づけることができる組み手です。釣り手を突き上げるように使い、引き手をしっかり引くと、より密着することができます。

大内刈 O-UCHI-GARI

応用編②ケンカ四つ

動画はこちらから

ケンカ四つの「受け」に対し、釣り手を右襟に持ちかえる（写真**1**）。「受け」の引き手を下に押し下げる（写真**2** **3**）。その状態を保ちながら、右足を差し入れて「受け」の左足に掛け（写真**4**）、軸足でケンケンしながら斜めの方向に倒していく（写真**5** **6**）。

技の極意　その1　釣り手と引き手で相手の重心を移す

（写真**3** **4**）

右襟を持っている釣り手、右袖を持っている引き手、どちらも下に向けて圧をかけます。こうすることで、相手の重心は右側に移り、そこへ足を掛けて相手の左足を高く上げさせると完全に相手のバランスが崩れます。

釣り手、引き手ともに下に圧を加える

手を下げつつ、足を高く上げさせて相手のバランスを崩す

ベイカー流　大内刈トレーニング

動画はこちらから

　2016リオデジャネイロ・オリンピックの前に、最低でも週に2回は行った大内刈のための練習法を紹介します。

練習法 1 軸足ダッシュ

極意で話したとおり、僕の大内刈は軸足がポイントです。刈り足を掛け、軸足で投げることを意識してケンケンでスピードを上げます。軸足が速ければ速いほど、相手はバランスを崩すので、直線で相手が倒れるまで軸足のケンケンで追います。

練習法 2 軸足トレーニング

竹内先生の九州学院中学時代の先輩である山下泰裕先生も行ったというトレーニングです。畳6畳にラインを引き、その中で片足相撲を行います。手を使わないようにするために、両手で帯を持ちます。両足が畳に着いてしまったり、ラインから出てしまったりしたら負け。軸足を鍛えます。

練習法 3 低く入るコツをつかむための打ち込み

大内刈は密着すると同時に、腰を低くして入ります。そこを意識して打ち込みを繰り返します。「受け」は足幅を広くして、低い姿勢をとってください。この打ち込みは非常に重要。これを繰り返すことで、低く入れると同時に、体がやわらかくなり、ヒザを畳につけられるくらいの低くスムーズな刈り足ができます。

練習法 ④ 負荷をかけた軸足トレーニング

負荷トレーニング 1

補助者が一人入って3人で行うトレーニングです。まずは補助者が「受け」を後ろで押さえている状態で、大内刈を掛けてまっすぐにケンケンで追います。

まっすぐ
追う

負荷トレーニング 2

次に、補助者が左右に動いて誘導。それをケンケンで追っていきます。

ランダムに
追う

負荷トレーニング 3

今度は補助者が僕の帯を持ち、前に進めないように負荷をかけます。この状態で大内刈を仕掛け、ケンケンで「受け」を追っていきます。

まっすぐ
追う

負荷トレーニング 4

最後に補助者から「右」「左」「止まれ」の指示をランダムに出してもらい、それに合わせてケンケンを行います。

指示に
合わせて
追う

引込返 HIKIKOMI-GAESHI

相四つ

動画はこちらから

「受け」と距離をとる（写真**1**）。右足で大きく踏み込み、「受け」の帯を取りにいく（写真**2 3**）。帯をつかんでいる自分の右手を引き手で持ち（写真**4**）、そのまま相手の懐に潜り込み、蹴り上げる（写真**5**〜**10**）。

技の極意 その1 横から帯を取りにいく
（写真 2 3）

帯を取りにいくとき、相手の肩越しに取ろうとするとなかなかうまくいきません。相手の上体を自分の右側に少し振って、横から取りにいくことでスムーズに帯を持つことができるようになります。

NG 肩越しに取りにいく

肩越しに帯を取ろうとするとうまく取れない。

技の極意 その2 相手の腕の自由を奪う
（写真 4）

相手の帯を持った右手に左手を添えてしっかり固定します。状況に応じて、左手で相手の右手を固定します。相手の腕が自由になって逃げられることを防ぐためです。

技の極意 その3 両足を相手の足の間に入れる
（写真 5 ～ 6）

引き込む際は相手の足の間に両足をしっかり入れます。
釣り手と引き手をコントロールしながら、しっかり蹴り上げます。

相手の足の間に
両足を入れる

しっかり蹴り上げる

腕挫十字固 UDE-HISHIGI-JUJI-GATAME　相四つ

▶ 高校時代、恩師・竹内師範から伝授された

技の極意 その1

相手の右肩から（写真5）

相手を引き倒したら、引き手で相手の右襟を持ったまま、右肩と首の間から右足を差し入れます。釣り手は奥襟を持ちます。これで相手を回す準備ができました。

技の極意 その2

親指を上に向ける（写真12）

ヒジ関節を極めるときは、相手の親指を上に向けること。手のひらが上になっていると効果がありません。

動画はこちらから

「受け」の右足に自分の右足を当てながら、前に引き出す（写真**1 2**）。
釣り手を離さずにそのまま前に倒し（写真**3**）、「受け」にまたがるように
して、左脇から手を入れ（写真**4**）、「受け」の右肩から右足を差し入れ、
釣り手から引き手に持ちかえる（写真**5 6**）。そのまま回って「受け」を
仰向けにし、左腕を引き伸ばしてヒジ関節を極める（写真**7**〜**12**）。

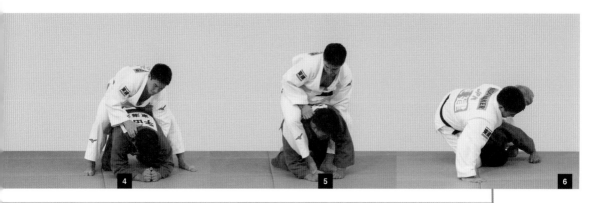

技の極意 その3 手足を使ってロックを解除する
（写真**8**〜**10**）

相手を仰向けにすると、相手は技を掛けられまいと腕をロックしてきます。
足と手を使ってそこを開き、両足でしっかりロックします。

動画はこちらから

ベイカー茉秋オリジナル
引込返→サンボ背負投

引込返の要領で「受け」の帯を取りにいくも、うまく取れない（写真 **1** **2**）。その釣り手を右襟に持ちかえ（写真 **3**）、「受け」の右脇に回転しながら入り（写真 **4** **5**）、サンボ背負投を掛ける（写真 **6**〜**8**）。

技の極意　切りかえをすばやく

引込返でうまく帯を取れなかった場合は、強引にそのまま引込返に持ち込むよりもサンボ背負投につなげた

ほうがいいと考え、たどり着いた連絡技です。帯から片襟への切りかえをすばやくすることがポイントです。

動画はこちらから

ベイカー茉秋オリジナル
大内刈→大外刈

　相四つの「受け」に対して大内刈に入り、ケンケンで追う（写真 **1**〜**3**）。掛けた足を外し、相手の足が着地して揃った瞬間（写真 **4** **5**）、大外刈に入る（写真 **6**〜**8**）。

技の極意 ━ 一息ついたところをねらう

大内刈の軸足となっている左足をすばやく相手の右足横に移動させることがポイントです。ケンケンが終 | わって相手がホッと一息ついたところにすかさず大外刈にいくイメージです。

117

ベイカー茉秋オリジナル
大内刈→大内刈

　大内刈を掛け、ケンケンで追う（写真**1** **2**）。一度、大外刈を外し（写真**3**）、すかさずまた大内刈を掛ける（写真**4**〜**6**）。

技の極意 　相手の体勢が整わないところをねらう

大内刈を仕掛けてケンケンで追ったあと足を一度外してから、相手の体勢が整わないうちにすぐにまた大内刈でねらうと、相手は数歩のケンケンで倒れます。

こぼれ話 ▶ 組み手が決め手

　組み手はやはり妥協が一番の敵です。組み勝てるかどうかで試合の勝敗がほぼ決まるからです。そのために必要なのはスタミナ。体力的なものはもちろんですが、一番カギを握るのは心のスタミナではないかと僕は考えています。

　柔道家はよく「組み合えばわかる」といいますが、実際に組み合うと相手の実力だけでなく、心まで伝わってきます。海外の選手はそこが強いと組むたびに感じます。紛争がある地域など、バックグラウンドが日本人とは違うというところがあるのかもしれません。すべてがインクルードされて畳に上がっている、そんなふうに僕には思えるのです。まさに柔道は「心技体」の競技。柔道の大きな魅力の部分で、そこを僕は広く伝えていきたいと思っています。

第5章
ウルフ・アロン五段の極意

左組み　受け：宇田川力輝

　東海大学付属浦安高校時代の教え子、ウルフ・アロンを一言で評するなら「練習の虫」。これまで指導者として数え切れないほどの選手を見てきましたが、ウルフほど気迫のこもった激しい打ち込み練習をする選手を私は知りません。

　初めてウルフに会ったのは、彼がまだ中学1年生のとき。当時は体も小さく、特に秀でたものを感じませんでした。その彼が世界最高峰のオリンピックで頂点に立ったのですから、そこに至るまでにどれほどの努力を要したことでしょう。本当に素晴らしい活躍でした。そのウルフが代表的な技を披露してくれました。次のパリ・オリンピックを見据えている現役の彼が、ここまで自身の技を快く紹介してくれたことに感謝します。（竹内師範）

師弟対談❷ ウルフ・アロン編

著者が育てた二人の金メダリストとの特別対談。
東京2020オリンピックでの金メダル（100kg級）獲得が記憶に新しい
ウルフ・アロンとの対談を掲載！

得意技を見直して臨んだ
東京オリンピック

竹内　アロンの試合の日は休暇をとって1日テレビで見ていたんだけど、大内刈で勝ったときには涙が止まらなかったよ。

ウルフ　試合中、「指導」がくるかなって思っていましたけど、結果的に大内刈が出て投げて終わることができて良かったですよね。

竹内　学生が早速「先生、大内刈教えてください」って言ってきたよ。

ウルフ　来ましたか（笑）。教えました？

竹内　教えたよ。

ウルフ　でも、竹内先生の大内刈は強靭な足腰

があってできるもので、付け焼き刃でどうなるものでもないんですよね。（ベイカー）茉秋先輩はその足腰があるからできるし、僕も先輩を真似してきたからできるようになったと思います。最近はその入り方ができなくなっていたんですが、先生が師範として東海大に来てくれるようになって、もう一度大内刈を洗い直すことができた。あの2週間（164ページ参照）がなかったら、正直、オリンピックで勝っていなかったんじゃないかと率直にそう思います。

竹内　そう言ってくれるのは嬉しいね。確かに、あの頃、大内刈が完全に乱れていたね。

ウルフ　そうなんですよ。どうやって修正したらいいかと考えていたところに竹内先生が東海大に来ることになったんですよね。

竹内　これも運命だったんだろうな。アロンに高校生のときのように指導すると言ったら素直に受け入れてくれて、コロナで存分にはできなかったけれど、最低限のことはやれたね。

ウルフ　久しぶりにあの練習をやったけれど、体が思い出してくれました。社会人になってここまでくると、僕に対して指導したり、注意したりしてくれる人がどんどん減ってくるので、先生のように悪いところを指摘してくれる人がいてくれるのはとても貴重で、ありがたいと思っています。僕は本当に人に恵まれています。

短い練習時間が自主性を生んだ

ウルフ　練習といえば、高校時代を振り返ると、

練習時間はすごく短かったですよね。4時20分から始まって、6時くらいには終わっていました。

竹内　短かったね。アロンたちのときは、乱取6分を3本やって休憩を3分入れていたね。3本やったら休めるから、一本、一本ものすごく集中してやる。逆にいうと、一本が激しすぎるから長い練習ができない。そういう雰囲気だったね。

ウルフ　ケンカみたいになっていましたもんね。でも、練習が短いから、部活後にジムに行ったり、走ったりしました。

竹内　アロンは自分でできることを考えられたからね。考えられない人は、「練習短くて楽勝」で終わるんだよ。

ウルフ　確かに。この高校時代の経験が大学で活きましたね。東海大柔道部の部員数は100人以上いますから、先生が生徒一人ひとりを見られる状況にない。だから、高校時代にそれこそ先生から「ああしろ、こうしろ」と言われてきた選手たちは、伸び悩んでしまうことが多いんですよ。茉秋先輩や僕は竹内先生からいろいろなことを教わりましたけど、自主性を重んじる練習をさせてもらっていたので、大学でも成長することができたのだと思います。

竹内　自主性を生み出すコツは余裕。練習時間が短いと考える余裕が出てくるんだよ。

ウルフ　おっしゃるとおり、詰め込まれると考える余裕などなく、ただこなすだけになりますからね。生徒を伸ばすための練習なのに、教える側の自己満足の練習になってしまうように思います。といっても、高校生で自主性について考えられないようでは、大学にいっても社会人になってもたぶんダメでしょうね。竹内先生の指導を受けて、練習時間が短いから休めると思う選手たちは、そこから先は伸びることがない

んだろうなって思いますけどね。

下山することなく エベレストを登り続けたい

竹内　僕はオリンピックで優勝するための大事な過程だったのが、世界ジュニア（2014年／3位）じゃないかと思っているんだよ。

ウルフ　そうです。

竹内　アロンが派手に負けたんだけど、あのとき言ったよね。日本ではパワーのアロンと言われているけれど、世界に出たらアロンのパワーもこんなものだろうって。これからは世界で通用する絶対的なパワーをつけなければダメだっていう話をしたね。

ウルフ　大学1年生くらいまで、日本人選手に対してはパワーで圧倒できたので、それでいけるかなと思っていたんです。でも、世界ではそれが通用しなかったし、いろいろな負けが最終的に今の僕の柔道につながっているんじゃないかと思いますね。

竹内　そういう謙虚さ、素直さもアロンの魅力だね。僕は東海大浦安高校を去るとき、全校生徒にこう挨拶をしたんだよ。「全国三冠をとって富士山には登った。次はアロンのオリンピックがあるからエベレストに絶対に登ってくる」って。そのとおり、登頂に成功しました（笑）。

ウルフ　ありがとうございます。下山することなく、このままエベレストを登り続けたいですね。

竹内　次はパリだね。そういえば、アロンの準決勝の相手は、リオ大会のときに決勝戦で茉秋と戦ったジョージアのリパルテリアニだったろう。Twitterに、「リパルテリアニは竹内先生の教え子二人に負けましたね」ってきたよ。

ウルフ　どちらも大内刈で勝ったから、彼はまさに竹内先生に負けたみたいなもんですよ。

体落 TAI-OTOSHI

ケンカ四つ

▶ 世界で戦うために身につけた

引き手側から

釣り手側から

動画はこちらから

　1歩目となる左足を「受け」の真ん中あたりに出す（写真**1**）。2歩目の右足を「受け」の右前足あたりまで寄せながら、体を開く（写真**2**〜**5**）。引き手を引きながら、左足を「受け」の左足外に出して投げる（写真**6**〜**12**）。

技の極意 その1 釣り手を立てる
（写真1）

相手の前襟を持ち、釣り手を立てて入ることが最初のポイントです。こうすることで相手に「内股が来るのではないか」と警戒させることができます。

技の極意 その2 2歩目の足は1歩目の足の真後ろに
（写真2～5）

2歩目の足を出すとき、1歩目の足から離れたところに置くと技を掛けるときに両足が開いてしまい、相手に力が伝わりません。2歩目は1歩目の足の真後ろにもってきます。こうすることで安定して技を掛けることができるだけでなく、相手に力が伝わります。

 足が離れる

1歩目と2歩目が離れてしまうと技を掛けたときに相手に力が伝わらない。

技の極意 その3 投げる瞬間まで相手の顔を見る
（写真1～5）

技を掛ける直前まで相手の顔を見る体勢でいることが大切です。内股のように投げようとすぐに顔ごと体を回してしまうとタメができず、相手に力が伝わらないからです。最後の最後まで相手の顔を見て掛ける瞬間に投げるほうを向きます。

Point!

 目線が下を向く

体落 TAI-OTOSHI

相四つ

　相四つで組む。左足を「受け」の左足に当て、ケンカ四つの体勢をつくる。
1歩目で踏み込み、2歩目は1歩目の真後ろにおき、釣り手を左襟に持ちかえ
て、片襟で技に入る。※技の入り方はP122～123を参照

技の極意 その1 ケンカ四つの体勢をつくる

基本的に体落は僕にとって、ケンカ四つのときに使う
技です。相四つでは相手と正対しているので、体を回
転させるスペースがないためです。相四つで使うとき

は自分の左足を相手の左足に当て、後ろに足を下げさ
せてケンカ四つと同じ状況をつくったら技に入りま
す。

技の極意 その2 片襟で技に入る

相四つの場合、お互いに左足が前に出ているので体を回しにく
い体勢となります。片襟で入ったほうが回りやすくなります。

NG 相四つのまま 技に入る

お互いに前に出ているた
め、左足が当たって、う
まく回転できない。

大外刈 O-SOTO-GARI

相四つ

▶ 体幹を利用した、度胸が試される技

引き手側から

釣り手側から

技の極意 その1 引き手を横に引いてからおなかにつける

（写真4～6）

引き手を横に引き、そのまま自分のおなかにつけます。こうすることで自分の体幹をそのまま相手に伝えられるようになり、上体を動かすだけで相手の体をコントロールすることができます。力をあまり使わずに倒すことができる方法です。

1歩目の右足で「受け」の左横に踏み込む（写真**1**～**3**）。左足を振り上げて、「受け」のヒザ裏を刈って「受け」を後ろに倒す（写真**4**～**6**）。

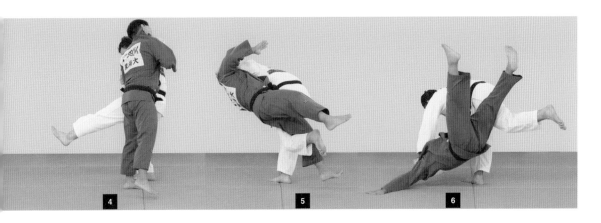

技の極意　その**2**　釣り手を立て、外に開く
（写真**1**～**4**）

釣り手を立て、手首を返して
外に開く。相手の胸と自分の
胸を密着させて自分の体幹が
相手にしっかり伝わる状態を
つくります。

大外刈 O-SOTO-GARI

ケンカ四つ

動画はこちらから

　1歩目の左足はつま先をやや右方向に向け（写真 **1**〜**4**）、2歩目をその左足に寄せる（写真 **5**）。3歩目に左足で刈る（写真 **6**〜**10**）。

技の極意 その1

引き手はそのまま おなかにつける
（写真⑥）

相四つの場合と異なり、引き手は横に引かず、まっすぐ自分のおなかにつけます。

技の極意 その2

釣り手でアゴを突き上げる
（写真④）

釣り手の使い方も相四つのときと異なります。相手のアゴを下から突き上げるように使うことで、相手の上半身を崩します。

技の極意 その3　2歩目は1歩目の足の後ろに
（写真⑥）

相四つの場合は2歩で刈りにいきましたが、ケンカ四つのときは大内刈のような足さばきを使います。1歩目はつま先をやや横に向けて踏み込み、2歩目は1歩目の足の後ろに置きます。そして3歩目で刈ります。

技の極意 その4　相手のヒザの横をねらう NG
（写真⑦）

刈る際はふくらはぎからかかとにかけての部分を、相手のヒザの外側に引っ掛けます。相手の弱い部分で、ここに足を掛けると外れにくくなります。

刈り足が上すぎたり、下すぎたりすると決まらない。

支釣込足 SASAE-TSURIKOMI-ASHI

相四つ

▶ 子どもの頃からの得意技

引き手側から

動画はこちらから

1歩目は大外刈と同じように「受け」の左足の横に右足で踏み込む（写真 **1** 〜 **3**）。「受け」が大外刈を嫌がって足を下げたところで（写真 **4**）、2歩目で引き手を下から上に円を描くように持っていく。釣り手を下げ、左足を相手の右足に引っ掛けるように投げる（写真 **5** 〜 **10**）。

釣り手側から

技の極意 その1 まずは大外刈と同じ形で入る
(写真 1〜3)

最初の動きは大外刈と一緒
です。釣り手は手首を立て
て外に開き、引き手はおな
かに持ってきて胸と胸を合
わせ、左足の横に右足で1
歩踏み込みます。

技の極意 その2 引き手を下から上に使う
(写真 4〜10)

次が大外刈と大きく異なる点です。おなかのところに
持ってきた相手の袖を下から上に円を描くように動か

します。同時に、釣り手は上から下げて相手の重心を
右へ移動させます。

技の極意 その3 体を密着させる（写真4）

1歩目を踏み込むとき、自分の体を相手にぴったり密着させます（写真左）。大外刈が来ると思わせるためです。相手との距離を思いきって縮めることでしっかり相手をコントロールして投げきることができます。

NG 距離が離れる

怖がって体の距離が離れると、せっかくのフェイントが意味をなさず、技が効かない。

Point!
ケンカ四つでは掛けない

支釣込足はケンカ四つでは掛けません。リスクが大きいからです。僕の支釣込足は先ほど説明したように、おなかをくっつけて行うやり方なので、ケンカ四つの場合、それは相手の陣地に踏み込む行為となってしまいます。右組みの相手からすれば、おなかをくっつけて右足が出た状態は大外刈をかける絶好のチャンスなのです。

内股 UCHI-MATA

ケンカ四つ

▶ 釣り手でコントロールする

内股練習法

東京2020オリンピック前にもやり込んだ練習です。壁に片手をつき、内股を掛けるときの要領で刈り足をできるだけ高く、勢いよく振り上げます。練習のポイントはヒザと足のつま先をしっかり伸ばすこと。補助役として一人についてもらい、高く振り上げた勢いで前に転ばないよう、上がった足を押さえてもらいます。

動画はこちらから

ケンカ四つで組む（写真**1**）。右足を下げながら、1歩目の踏み込みで「受け」の右足を弾くようにして入る（写真**2**〜**4**）。そのまま刈り足を振り上げ（写真**5**〜**8**）、投げる（写真**9**〜**12**）。

Point!
足を押さえてもらう

技の極意 その1 相手の足を弾くように踏み込む

（写真 **1**〜**3**）

僕の内股は1歩目の踏み込みが最大のポイント。手前の足に体落を掛けるようなイメージから、相手を弾くようにして入るこの1歩目で、8割方決まります。右足を下げながら回転し、左足で相手の右足を弾くようにして相手の足の間に入ります。

Point!
1歩目が
最大のポイント

手前の足に体落を掛けるようにして1歩目を踏み込む。

こぼれ話 ▶ 体幹を使うということ

思いきり耐えて踏ん張っている相手を手で引っ張ろうとしてもなかなか引くことはできません。しかし、おなかにつけておくと簡単に相手を引っ張り出すことができます。極意その2の引き手をおなかにつけるのはそれが理由です。

 **手だけで
引く**

手だけで引っ張っても相手を動かすのは困難。

Point!
体ごと引っ張る

引き手をおなかにつけて体ごと引くと相手を動かせる。

釣り手は奥まで、引き手はおなかに
（写真 2 ～ 4 ）

釣り手はしっかり立てて奥まで持っていき、釣り手の拳を首の後ろに当てます。これで相手は頭をまっすぐ上げることができなくなります。また、引き手はよく「上に引く」と教わりますが、僕の場合はお腹につけます。これによって、技を掛けるときにお腹が動くのと一緒に相手も動き、自分の体幹をフルに利用して相手に力を伝えることができます。

釣り手は立てて拳を首の後ろに

引き手をおなかにつける

技の極意 その3 **踏み込むと同時に、釣り手を下げる**
（写真 3 ～ 7 ）

1歩目の踏み込みで右足を弾くと同時に釣り手を下げます。これで相手は上半身と下半身のバランスが大きく崩れます。こうなればあとは差し込んでいる左足を上げるだけで相手を投げることができます。

1歩目の踏み込みと同時に釣り手を下げる

相手のバランスを崩したらあとは足を跳ね上げるだけ

相手の上半身と下半身のバランスを崩すことが大事

内股 UCHI-MATA

相四つ

技の極意 その1 小内刈を使い、足を下げさせる
（写真 1 2）

相四つの場合、技に入るには相手の左足が邪魔になります。そこで、まずは小内刈を仕掛けて相手に左足を引かせます。これで得意なケンカ四つの体勢ができます。小内刈を仕掛けた左足がちょうど前に出ている形になるので、これがケンカ四つの場合の1歩目の踏み込み足になります。

動画はこちらから

　小内刈などで崩して「受け」に足を引かせ（写真 **1** **2**）、ケンカ四つの形に持ち込む（写真 **3**）。ここからケンカ四つのときと同様に技を仕掛ける（写真 **4**〜**12**）。

|4| |5| |6|

|10| |11| |12|

技の極意 その2 釣り手は奥襟
（写真 **1** **2**）

釣り手は奥襟を持ちます。こうすることで、ケンカ四つのときに釣り手を立てたときと同じ位置に拳を持ってくることができます。

動画はこちらから

ウルフ・アロンオリジナル
大外刈→支釣込足

　大外刈を2度仕掛ける（写真 **1**〜**6**）。「受け」が踏ん張ったところで釣り手を引いて（写真 **7** **8**）、支釣込足にいく（写真 **9**〜**12**）。

引き手側から

技の極意 フェイントが効きやすい状況をつくる

大外刈を2回程度ほど仕掛け、相手に「大外刈をねらっている」と思わせます。すると、相手は掛けられまいと重心を前にしてきます。これでフェイントが効きやすい状況が生まれます。さらに大外刈と同じように踏み込み、釣り手と引き手を使って上体を崩して支釣込足に入ります。

釣り手側から

ウルフ・アロンオリジナル
支釣込足からの絞め技

動画はこちらから

支釣込足を掛けるも投げきれず、「受け」がつぶれる（写真 **1**〜**3**）。釣り手は奥襟を持ったまま離さず（写真 **4**）、そのまま絞める（写真 **5** **6**）。

こぼれ話 ▶ **ウルフ流絞め技は偶然生まれた**

　この絞め技をやるようになったのは、大学生になってからです。支釣込足が僕の得意技であることが知られ、掛からずにつぶれてしまうことが多くなってきてなんとかしなければと考えていた頃でした。150kgほどある後輩と乱取をしていたとき、釣り手を離さずに脇の下に手を差し込んだところ、

この後輩が落ちていたのです。それがこの技の誕生の瞬間でした。掛けようとしたわけではなく、気がついたら絞まっていたのです。そこから磨いて現在のやり方になりました。力を使わず、一瞬のうちに極まるので、この技を嫌がって他の技が掛かるという効果にもつながりました。

奥襟を持った釣り手は離さない
（写真❸〜❺）

支釣込足を掛けたのに投げきれず、相手がつぶれたときに使う絞め技です。相手がつぶれても、奥襟をもった釣り手は離しません。このときの釣り手は、親指の第一関節からの骨の部分が相手の頸動脈に当たるようにします（極意②）。そこに自分を近づけることで一瞬のうちに首が絞まります。特に首の太い重量級の選手に効果的な絞め技です。

奥襟を持った釣り手は離さない

腕と自分の体を近づけると首が絞まる

手首の形
（写真❻）

頸動脈に当てる釣り手は、写真のように親指から手首にかけた部分を突き出すことがポイントです。

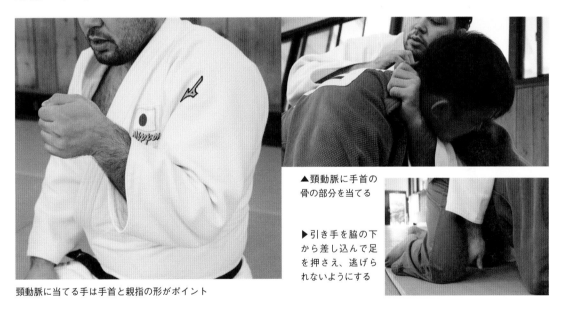

頸動脈に当てる手は手首と親指の形がポイント

▲頸動脈に手首の骨の部分を当てる

▶引き手を脇の下から差し込んで足を押さえ、逃げられないようにする

こぼれ話 ▶ 一つの技ができるまで

　この絞め技は偶然生まれたと説明しましたが、僕は技がすぐに身につくタイプではありません。反復練習して最終的に試合で使えるようになるまでに、数ヶ月かかります。ここで紹介した体落は確か、2、3ヶ月はかかったと記憶していますし、現在の形で完璧かというとまだまだそこまでではありません。

　技をつくっていく過程では、自分がやりたいことではなく、相手がやられて嫌なことを考えました。どういう入り方をされたら嫌だと感じるかを相手の立場に立って考え、乱取のなかで試行錯誤しながら一つひとつの技ができていきました。

ウルフ・アロンオリジナル
小外刈→内股

ケンカ四つ

動画はこちらから

　ケンカ四つで組み、内股を掛けにいくも、「受け」が対策をしていて1歩目の足で下げることができない。そこで小外刈を仕掛ける（写真**1** **2**）。「受け」はそれを避け

るため、右足を下げる（写真**3**）。「受け」の右足が下がったところで、内股にいく（写真**4**〜**6**）。

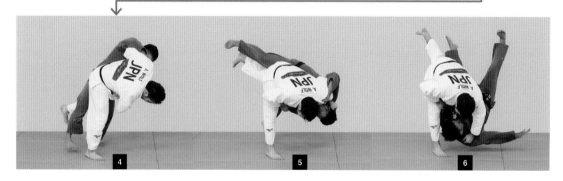

技の極意　小外刈を掛けた足が内股の1歩目となる

通常の内股では1歩目で踏み込む足は相手の左足を払う役目を果たしますが、小外刈を使うと相手の足が下がるので払う必要がなくなり、小外刈を掛けた足がそのまま1歩目の足となります。そのため2歩目で内股を掛けにいくことができます。釣り手の使い方は内股のときと同様です。

小外刈の足が内股の1歩目となる　　　　　　　2歩目で内股を仕掛ける

第**6**章
竹内 徹師範の奥義

| 左組み | （受け：山中堅盛）

小学校2年生で柔道を始め、以来、柔道とともに人生を歩んできました。二人の素晴らしい名将と出会い、導かれ、数え切れないほどの教え子と一緒にその時代その時代の柔道を見つめてきました。そのなかで師から受け継いだ「わさ絞め」と、私が研究に研究を重ねた「送襟絞」という二つの技を紹介します。

恩師直伝！究極の絞技 ▶ わさ絞 WASA-JIME

動画はこちらから

　立ち技での攻防中（写真**1**）、「受け」がヒザを畳についた瞬間をねらって使う（写真**2**）。左組みの場合、四つん這いになった「受け」の右側から仕掛ける（写真**3**）。立ち技からの流れで釣り手は襟をつかんだまま離さない。右手は奥襟を持ち、釣り手はその位置のまま（写真**4**）、すばやく横に移動しながら絞める（写真**5**〜**12**）。

技の奥義 その1　親指を上にして奥襟を握る
（写真**4**）

釣り手を持ったまま、相手が両ヒザをついた瞬間、引き手の右手で奥襟を持ちます。このとき、親指を上にして奥襟を握ることがポイントです。釣り手はその状態のまま、相手の右側に立ち、そこからすばやく相手の左側へ移動します。

NG　正面から入ろうする

相手の頭のあたりから入ろうとすると、相手の首が邪魔になって左手をしっかり入れて絞めることができない。

技の奥義 その2　体を密着させて絞める
（写真**6**〜**12**）

左手の手首を返すようにして絞めますが、このとき手先で絞めないこと。自分の体を相手に密着させることでしっかり絞めることができます。

NG　手先で絞める

体を密着させない手先だけの状態では絞めることはできない。

なんとか逃れるようと、相手が立ち上がってくる場合があります。立ち上がられてしまっては、わさ絞は効

きません。立ち上がろうとしたら、すぐに後頭部に左足を掛けながら腰を落とし、絞めに入ります。

こぼれ話 ▶ 白石礼介先生から受け継いだ、独自の「わさ絞」

ここで紹介した「わさ絞」。講道館柔道の技の種類をあたっても、どこにもこの名称はありません。それもそのはず。私の中学高校時代の恩師で、名将として知られる白石礼介先生が「この絞め技は『わさ絞』という名前ばい」と名づけられたもので、

10年もの年月をかけ、先生が独自に編み出された技だからです。部員を集めては細かく指導してくれたおかげで、私たちは何度もこの「わさ絞」で勝利をつかみました。

送襟絞 OKURI-ERI-JIME

▶ 送襟絞から片羽絞へ、自由自在に操る

正面からの視点

まずは相手の手首を
しっかり捕まえる

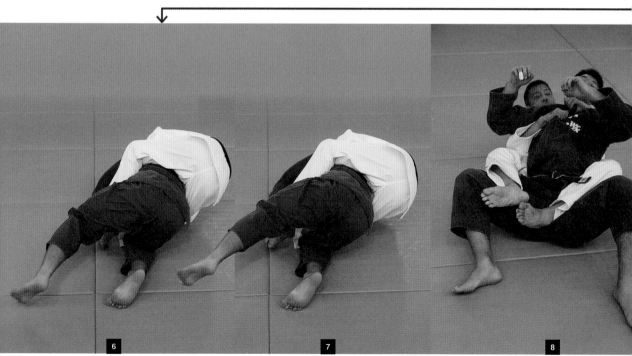

動画はこちらから

　カメになっている「受け」の背後から両手、両足を差し入れる（写真 **1** **2**）。右手で「受け」の右手首をとって引き（写真 **3**）、左手で右襟を握り、両足を「受け」の両足の間に挟ませるようにしてからませる（写真 **4**）。右側に回転しながら、絞める。（写真 **5** 〜 **10**）。

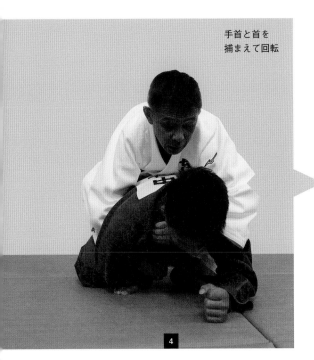

手首と首を
捕まえて回転

4

上からの視点

5

9

10

技の奥義 その1 襟ではなく、手首を取る

（写真1〜4）

通常は右手で左襟、左手で右襟を取って絞めます。しかし、このやり方だと襟を取らせまいと襟元を両手で防がれる、襟を取って絞めに入っても腕を引いて外され、逃げられる、といったことがよく起こります。それらを避けるため、襟ではなく、手首から取ることが私の送襟絞の最大の特徴です。右手を右脇の下から差し入れて、相手の右手首を取り、下に引きます。こうすることで、左側の顔まわりにスペースができて左手を差し入れやすくなると同時に、右側に回転しやすい状況が生まれます。そこから、通常の送襟絞同様、左手で右襟を持って両足をからめて回転しながら絞めに入ります。

手首を取る　　　　　相手の手首を写真のように下に引く

技の奥義 その2 密着しすぎない

（写真7〜9）

体をぴったりくっつけた状態で技をかけても絞めることはできない。相手の体の下にくるように回転するのがコツ。

NG 密着しすぎ

技の奥義 その3 防がれたら片羽絞に移行する

送襟絞に入ったとき、相手が逃れようとして空いている手で引いてきたら、右側に体重を移動させ、引いてくる相手の左手を左足で外します。そして右手を上げて片羽絞に移行します。手を外すときのポイントは、左足首より少し上のあたりを使って相手の拳に当てて外すこと。そこから、右側に移っていた重心を左に移しかえながら、相手の右手を上げて片羽絞に入ります。

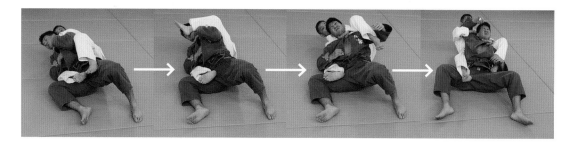

高校柔道三冠達成と金メダリスト育成の指導法

技の伝承とエネルギーに変えた挫折

竹内 徹

CONTENTS

プロローグ　自主性を生み出す「言葉の力（魔術）」

「言葉の力」を意識し始めたのは、私が中学校1年生のときに遡ります。

小学校2年生から柔道を始めた私の得意技は払腰でした。憧れの先生であり、私にとって神様みたいな存在の白石礼介先生が監督を務める、九州学院中学校（熊本）に進学したある日、白石先生が突然こうおっしゃったのです。

「徹、背負投の打ち込みをやってごらん」

そして、私の背負投を受けてくださいました。本格的に背負投を掛けたのはこのときが初めてでした。10本ほど技に入ったところで、白石先生は大きな声で、みんなに聞こえるようにおっしゃいました。

「徹の背負投は、熊本県で一番の背負投になるばい。とてんよか（とてもよい）背負投たい」

私の頭の中は「？？？」でした。

「熊本県で一番？」

驚きましたが、素直に「俺の背負投は熊本県で一番になるのか」と思い、次の日から背負投が上手になるにはどうしたらいいのかを日々考え、練習と研究に没頭するようになりました。

みなさん、お気づきですか？

これが「自主性」なのです。白石先生のこのときの一言は、私の自主性を引き出す「魔法の言葉」だったのです。

指導者になってからの私は、このときの場面をとても大切にしてきました。この出来事が私の指導の基本となっていることをまずお話ししておきます。

憧れの選手だった
恩師・佐藤宣践先生

佐藤宣践先生は私の大学時代の恩師です。

私が小学校6年生だった昭和46年（1971年）、父とテレビで全日本柔道選手権を観戦しました。このとき父が言った言葉を今もはっきり覚えています。

「徹、佐藤はよか選手だけんよく見とけ」

そのときから、私も佐藤選手に注目するようになりました。この年、佐藤選手の成績は準優勝でした。

「佐藤に優勝させたい。佐藤はとても努力家なんだ」

父はそう言って、自分のことのように悔しがりました。

2年後の昭和48年（1973年）、私は九州学院中学校の副将として、第4回全国中学校大会に出場しました。1回戦から順調に勝ち上がり、決勝戦に進出。試合開始の整列のときにふと審判団を見ると、なんと副審に「佐藤選手」の姿がありました。

「あっ、佐藤選手だ」

驚くと同時にとてもうれしくなり、張り切って試合をしたことを覚えています。結果は優勝。父が大ファンである佐藤選手が副審を務めた試合で優勝できたことは、とても大きな喜びでした。その明くる年、全日本柔道選手権を再び父と一

佐藤先生の大ファンだった父・正昭（右）と笑顔で写真撮影に応じてくださった佐藤先生

緒にテレビで観戦。佐藤選手は一戦一戦、すごい気迫で戦い抜いて優勝を果たし、父は涙を流して喜びました。

その後、私は九州学院高校に進学し、大学は憧れの佐藤選手が監督を務める東海大学に進み、佐藤選手は佐藤先生になりました。毎日の練習はとても激しく、全部員が気迫にあふれていました。なかでも一番元気がよく、一番強く、一番気迫があったのが佐藤先生で、大学生は立ち技でも寝技でもまったくかないませんでした。毎日厳しい稽古をされる先生の姿に部員全員が奮い立ち、「先生がこれだけ頑張っていらっしゃるのだから俺たちも頑張るのだ」という気持ちになり、部員の気持ちが一つになって練習に取り組みました。また、佐藤先生はすべての部員を分け隔てなくとても大切に接してくださるので、部員全員が先生を慕っていました。

大学卒業後、私は東海大学付属相模中学校、東海大学付属浦安高校に柔道部監督として赴任。大きな夢と目標を抱きました。夢は「日本一」。目標は「優勝して佐藤先生に褒めていただく」こと。私にとって恩師・佐藤先生との出会いは、その後の人生へと導く、非常に大きなものだったと言えるでしょう。

考える柔道へ誘ってくれた
もう一人の恩師・白石礼介先生

前述した白石先生は、ロサンゼルスオリンピック金メダリストである山下泰裕先生の中学・高校時代の恩師としてよく知られています。

1964年の東京オリンピックが開催される4年前、熊本市立藤園中学校柔道部監督に就任されて、10畳分の畳を校舎に敷いて指導を始めら

れました。その後、異動された九州学院中学・高校を含めた昭和36年から昭和47年（1961年から1972年）まで、熊本県大会、全九州大会、全国大会すべて無敗の快挙を成し遂げられた、伝説の監督です。私はその白石先生に、中学、高校の6年間、指導していただきました。

白石先生のご指導でとても印象に残っていることが二つあります。

一つは「先手」という言葉を常におっしゃっ

白石礼介先生

155

ていたことです。例えば、次のことを強調され
ていました。

「『先手』をよく出す選手は強くなりやすい」

「『先手』は強気、闘志を行動で示している」

「『先手』は精神的にも有利になる」

「『先手』を出すと技数が増えやすい」

「『先手』は面白い柔道につながる」

　もう一つは、私たち部員への心遣いです。

　白石先生の考えで、宿泊を伴う大会では、私
たち九州学院は必ず大広間に全員で寝るのが決
まりとなっていました。しかしながら、ご自身は
ほとんど寝ることがありませんでした。

「監督は一晩、二晩寝なくても死にやしない。
選手は、一晩の寝冷えで今までの努力が水の泡
たい」

　そうおっしゃって、選手たちが寝冷えをしな
いよう、はいでしまった布団を一晩中掛け直す
などしておられたのです。そんな先生の姿に、
私たちは「絶対に負けられない」という気持ち
を強く持ちました。

　本当に素晴らしい先生でした。

　高校生を指導するようになって、私は高校
時代の白石先生をよく思い出しました。先生だ
ったらどんな言葉をかけるだろう、どんなふう
に教えられるだろう、と考えたのです。すると、
答えは自然に導きだされました。例えば、「白石
先生だったらベイカーにどんな指導をされるか
な」と考えると、「行動一つひとつ、練習の動
作一つひとつを褒めるだろう」と、指導者とし
てやるべきことがわかりました。

　白石先生と佐藤先生、私にとって大切な二人
の恩師。三冠を獲得した指導法には、恩師から
学んだことを基本に私なりにアレンジしたもの

がたくさん詰まっています。

技は伝承される
母校・九州学院の白石流大内刈

　2016年、ベイカー茉秋がリオデジャネイロ・
オリンピックで金メダルを獲得した直後、メー
ルがたくさん入ってきました。九州学院の先輩
たちからでした。

「ベイカーの大内刈は白石先生の大内刈たい。
九州学院の大内刈たい。もううれしくてたまらん」

　そんな内容がほとんどでした。

　2021年、東京オリンピックでウルフ・アロン
が金メダルを獲得した直後、また九州学院の先
輩から電話がありました。

「ウルフの決勝戦の大内刈も白石先生の大内刈
たい。うれしかね」

　ベイカーの大内刈もウルフの大内刈も、彼ら
が考え、研究し、猛練習してつくりあげた彼ら
のオリジナルです。とはいえ、九州学院の先輩
たちがそのように考えるのもよくわかります。

「大内刈は刈る足より軸足の速さが大事」

「大内刈は体を密着させて、低い姿勢で入りな
さい」

　そんな白石先生の教えが、大内刈の名手二人
の礎になっていることは確かだからです。

　私が大内刈に興味を持ったのは、九州学院中
学1年生のときです。当時、九州学院高3年生
に石橋金治氏（前・九州学院柔道部監督）とい
う先輩がいました。石橋先輩の大内刈は本当に
かっこよく、釣り手で相手の肩を脱がすように
押し、体を密着させてすばやく刈るという見事
なものでした。私はこの先輩の影響で大内刈に
興味を持つようになり、先輩を真似して何度も

練習しました。

　もう一人、衝撃を与えてくれた大内刈の名人がいました。同級生で、親友でもある島本誠氏です。全日本ジュニアチャンピオンになり、全日本強化選手として国内はもちろん、世界を舞台に活躍した選手ですが、私には今も忘れられない場面があります。

　私たちが高校２年生のときでした。金鷲旗高校柔道大会準決勝で150kgの相手と当たり、島本氏は大きな相手から大内刈で「一本」をとって勝ったのですが、その破壊力たるや凄まじく、なんと対戦相手は足を骨折してしまったのです。自分よりも大きな相手に頭を下げさせた、本当に迫力ある大内刈でした。

　いつでも、どんな相手にも、真っ向から勝負に挑むこの同級生の柔道は私の憧れで、大内刈以外の技についてもベイカーやウルフを指導するうえで大いに参考にさせてもらいました。

　つまり、私の大内刈には、白石先生の教えと母校・九州学院の柔道が流れています。その大内刈を今度は私が指導者として伝え、彼らはそこを土台に自分たちのアレンジを加え、技をつくっていきました。白石先生は2015年に87歳でこの世を去られましたが、深い教えと技は今、先生の教え子である私たちを通じて、若い世代に受け継がれているのです。

1977 年のインターハイで準優勝（倉敷市）
整列した選手の最後方が筆者、中堅が島本誠氏

高校三冠へ
2012年を振り返る

　平成4年（1992年）、私は東海大浦安高の監督に就任しました。千葉県代表として、平成25年（2013年）までの21年間で、インターハイに18年連続で出場しています。平成23年（2011年）までの出場16回のうち、2位1回、3位3回、ベスト8が4回と、8回はベスト8以上です。出場した大会の5割がベスト8以上です。しかし、優勝は1回もありません。なぜ、優勝できなかったのか、優勝するための方程式は理解できていましたが、答えを出すことができませんでした。

　その明確な答えを導いてくれたのが、初優勝した平成24年（2012年）のメンバーたちです。その答えとはいったいなんでしょうか。それは後ほどお話しします。

　平成24年、春の全国高校選手権、金鷲旗、夏の全国高校総合体育大会（インターハイ）と、3つの全国大会で優勝することができ、高校柔道界では「究極の目標」といわれる「三冠」を獲得しました。達成した高校は本校が史上4校目となります。

　翌年は、春の全国高校選手権、金鷲旗で2連覇を達成。夏のインターハイは準々決勝で敗れてベスト8という結果で二冠に終わりましたが、選手・部員一同が持っている力を充分に出しきりました。2年連続三冠を期待されるという重圧のなか、本当によく頑張りぬいたと思います。

　振り返りますと、この「高校三冠」という快挙は、コーチとして加入した飛塚雅俊先生

の指導、協力がなければ達成できなかったと思います。当時まだ現役選手として活躍中だった飛塚先生（現・東海大浦安男子柔道部監督）が連日、ベイカー、ウルフらに稽古をつけてくれたことが彼らの成長に大きな役割を果たしたからです。6分×10本連続でウルフと乱取稽古を行った光景は、今も目に浮か

2012年、インターハイ優勝

2012年、金鷲旗大会優勝

2012年全国高校選手権大会優勝

びます。迫力がありました。時にウルフは「今日は左組みでお願いします」などと注文をつけるので、右組みの先生はさすがに大変そうでしたが、要望に応えていました。飛塚先生には一つだけ注文をつけていました。それが、「乱取で稽古をつけるとき、技術指導は絶対しない」こと。「乱取は二人の真剣勝負で、言葉は一切必要ない」という私からのメッセージでした。それを忠実に守ってくれた飛塚先生は、私にとって100点満点のコーチでした。

また、東海大浦安の卒業生で、大会当時はトレーナーを務めた前村良佑氏（現・下北沢JM整体院院長）の協力も三冠の原動力となりました。献身的に選手たちのサポートを行い、選手たちの絶大な信頼を得ていました。私の教え子でもあることから、選手がケガをしたら「良佑、何とかしてくれ」、もうすぐ試合なのに選手が見当たらないときは「良佑、探してきてくれ」と頼む私の無茶ぶりにも、大きな体で汗だくになりながら対応してくれました。

つまり、三冠達成は指導者一人の力ではなく、多くの力が絡み合った結果。監督竹内、コーチ飛塚、トレーナー前村というゴールデントリオによる力の持ち寄りだったのです。

転機となった2005年「千葉インターハイ」
素晴らしき主将　石井竜太

三冠達成に至るまでに、指導者としてターニングポイントとなった大会があります。2005年、地元千葉で開催されたインターハイです。

遡ることその3年前は、千葉インターハイのときに高校3年生になる中学3年生のスカウトに力を入れていました。当時の私には、絶対に東海大浦安に来てほしい中学生が勝浦市にいました。その後、全日本選手権などで活躍した石井竜太氏（現・日本中央競馬会）です。夏の全中千葉県予選の準決勝で敗退し、3位決定戦でも敗れて関東大会にも出場できなかったのですが、私には全国的に見ても石井がこの学年のナンバーワンだという確信がありました。試合の翌日、ご自宅に挨拶に行き、3時間ほど本人と話をし、「なんとしても東海大浦安に来てほしい。そして千葉インターハイでエースとして活躍してほしい」と伝えました。すると、その日のうちに「東海大浦安に行きます」と返事をもらいました。

入学後は、身長190㎝、体重100kgという恵まれた体躯に甘えず、練習にもトレーニングにも真面目に取り組み、約束どおり、チームのエースとして成長していきました。

迎えた3年後の千葉インターハイ。石井の活躍でチームは決勝戦まで進み、国士舘高校と優勝を争いました。しかし、結果は残念ながら2対3で敗れて準優勝となり、悲願だった優勝にはあと一歩のところで手が届きませんでした。2対2から、大将の2年生、手塚龍大氏（現・京葉ガス）が一本負けを喫してしまったのです。

試合が終わって整列するとき、私は素晴らしい光景を目にしました。石井が手塚の肩をポンポンと叩き、「大丈夫だ。よくやった」と声をかけたのです。自分たちが敗れた悔しさを押し殺して、手塚のことを思いやり、気

遣う姿に、私は涙が止まりませんでした。

　その後、石井は東海大に進学。4年生のときには主将を務め、全日本学生優勝大会でもエースとして活躍し、東海大を優勝に導きました。関東大会、全中に出場していなくても、恵まれた体格、真面目さ、素直な心で成長し続け、全日本選手権や講道館杯、国際大会などで輝かしい実績を残す選手となったのです。

千葉インターハイの準決勝で一本勝ちした石井

石井が決勝戦で敗れた手塚を思いやる姿に涙があふれた

　このように、素晴らしい選手を発掘し、準優勝という成績で千葉県柔道界に貢献することもできた千葉インターハイですが、実は指導者として、私は金槌で頭を叩かれたような痛みを感じていました。優勝校には優勝旗、カップ、盾、地元の記念品、うれしそうな写真撮影があるのに対し、準優勝には小さな盾が一つだけ。記憶にも残りません。「準優勝では何もないのだな」と愕然とし、うらやましさと悔しさしか残らなかったのです。このとき優勝と2位の違いを感じ、「2位ではダメなのだ」と思い知らされました。努力を重ねて出場した学校のみなさんに怒られそうですが、正直、ショックでした。

　このときの悔しさがバネとなり、後の高校全国大会三冠につながっていくことになります。

エースのベイカー茉秋をどう育てたか
華奢な少年から感じた抜群のセンス

　高校三冠を獲得したチームのエースはベイカー茉秋ですが、彼は中学校時代、全中には出場していません。大会に出場していた同級生の打ち込み相手「付き人」として全中大会会場に来ていました。「体が細く、笑顔がかわいい少年」というのが初めてベイカーを見たときの印象です。一方、その他の三冠メンバーは、言葉の表現として適当かどうかはわかりませんが、「やんちゃな元気者」の集まり。ベイカーとは対極的な部員ばかりでした。

　そんなベイカーに私が入学当初から繰り返し言い続けたことは、「茉秋は体重が増えれば増えるほど強くなる」でした。体は60kg〜65kgと華奢でしたが、腕力の強さ、足腰

の強さ、ち密な組み手、体幹の強さ、旺盛な闘争心、どれをとっても抜群の素質を持っていたからです。入学当時の彼にはどこか「自信なさげ」なところがありましたので、自信を持たせさえすれば必ず開花するという確信が私にはありました。高校でベイカーを団体戦のエースに育て上げ、将来的には「軽量級の柔道ができる重量級選手として、世界で活躍する」という選手像を描いて指導にあたりました。

　１年生でインターハイ個人戦県予選に66kg級で出場し、初戦で優勝候補筆頭だった３年生と対戦。敗れはしたものの、ゴールデンスコアにもつれ込む大接戦でした。しかも対戦相手はその後、楽々と勝ち上がって優勝し、インターハイで３位の成績を収めたほどの実力の持ち主でした。このとき、ベイカ

ーに対する私の目に狂いはないと強く感じました。

増量作戦とベイカーの苦悩
自ら考え、階級アップ

「日本人は団体戦が好きだ。国内で注目されるようになるために、まずは団体戦で活躍しよう。そうすれば注目が集まり、個人戦では、さらに注目され、活躍しやすくなる」

　インターハイ県予選で初戦敗退した翌日、私はベイカーにこう伝えました。そのためには体重を上げることが必要で、ベイカーの増量作戦が始まりました。彼は私の言葉をすぐに理解し、その日から自分で考え、体重を少しずつ増やす努力を行うようになりました。この「自分の考えで」という点が実はとても重要です。「体重を増やしなさい」といった

自身で考え、苦しみ、その結果、オリンピック金メダリストとなった

のは私ですが、実際に体重を増やす努力を行ったのはベイカー自身で、強制的にやらせたわけではないのです。

食事は1日に7食。

実はこれが大変でした。このことで、忘れられない出来事があります。

1年生のある日のことです。授業中に教室の外で泣いているベイカーを担任の先生が発見しました。会議室に連れていって話を聞いたところ、こう言って泣き叫んだそうです。

「もうこれ以上太れません。先生の期待に応える自信がありません。もう学校を辞めます」

担任の先生に呼ばれた私が会議室に入ったときには泣き止み、「何でもありません」と強がりました。

東京オリンピック直前、ウルフと二人で得意技を洗い直した

このときのベイカーは、太りたいけど、太れないことに苦しみ、1日に7食食べることに疲れていました。最大の悩みは、練習後にジムに通って筋力トレーニングを行ったり、自主的に練習したりといった努力を重ねれば重ねるほど、食べる以上に体重が減っていくということにありました。まさに、真面目に取り組んでいるからこそ、生まれた「いったいどうしたらいいんだ」という思い。泣いてしまったのは、自分自身に対する悔しさだったのでしょう。

「このままでは、先生の期待に応えることができない」

そんな言葉を口にするベイカーを見て、私は指導者として「絶対に強くしてやる」と固く決意しました。

「茉秋、自分のため、柔道部のために食べる努力をしているんだね。ありがとう。辛いだろうけど、体重が増えれば増えるほど強くなるのは間違いないよ。頑張れ」

それ以来、私は彼を励まし続けました。ベイカーにとって幸運だったのは、当時担任の先生だった細田裕子氏も良き理解者で、応援者だったことです。クラスで何が起ころうとベイカーを信じ、常に励ましてくれました。

そうして66kgから81kg級まで上げ、そこから現在の90kg級にアップするのですが、そのきっかけとなったのが2年生で出場した黒潮旗大会でした。決勝戦で国士舘と当たり、代表戦で1年生のエースと対戦。大外刈で投げられてベイカーは一本負けを喫したのです。彼は大泣きし、そして、千葉へ帰る車に乗りこむ際、私に言いました。

「竹内先生、僕は90kg級に階級を上げます。81kg級では団体戦のエースになれません」

こうして思い返すと、白石先生から学んだ「言葉の力」、ベイカー自身の「自分で考える力」、そして身近な理解者といったものが、その後、ベイカーがオリンピック選手まで成長することになる原動力になったのではないでしょうか。

ウルフ・アロンとの出会い
練習の虫、努力の人

ウルフ・アロンと最初に出会ったのは、彼が中学1年生のときです。当時は体も小さく、強いという印象はありませんでした。ところが、中学3年生になったウルフを全中東京都予選で見たとき、とても驚かされました。体は大きくなり、力強い柔道に成長していたのです。その後、東海大浦安を選んでくれ、ベイカーの1学年下の後輩として、全国制覇を目指してともに歩むことになりました。

「練習の虫」「努力家」

ウルフに似合う言葉です。

毎日の打ち込み練習では、技一本一本をとても大切にして一本一本全力で行います。監督としてさまざまな部員を見てきましたが、これだけ力、気迫のこもった打ち込みを行う部員は後にも先にもウルフをおいて他にいません。自主性にも優れていました。寮生が朝のランニングを学校のグラウンドで行っていた時期があるのですが、寮生ではないウルフは自宅から自転車で1時間かけて学校に来て、参加していました。

精神力にも特筆すべきことがあります。

高校2年生の春の全国高校選手権の個人戦無差別の準決勝で、静岡学園の佐藤和哉選手に大内刈を返され、一本負けを喫しました。そこから5ヶ月後のインターハイへ向け、ウルフは「静岡学園の佐藤選手に勝って日本一にならないと意味がない。春の全国選手権で返された大内刈で投げて勝ちます」と宣言。当時、100kg程度の体重だったのですが、100kg超級にエントリーし、準々決勝で見事大内刈でポイントを奪って佐藤選手を破り、宣言どおりの優勝を果たしました。彼の強い精神力に、私は目を見張りました。

ベイカー、ウルフと

そんなウルフの「練習の虫」「常に前向き」「失敗をバネにする」という持ち味がその後の世界選手権優勝、全日本選手権優勝、東京オリンピック金メダルにつながったのだ、と私は思います。

東京オリンピックといえば、ウルフの修正能力の高さにも驚かされました。2021年から私は東海大男子柔道部の師範に就任しましたが、オリンピック本番を直前に控えた7月、大学の道場でウルフが練習している姿を1週間ほど見て、得意の大内刈が崩れていることに気がつきました。教え子とはいえ、オリンピック代表選手に技術的な指導をするのは気が引けます。それでも、あまりに気になるので「大内刈の威力がないね」と、ウルフに声をかけました。

すると、ウルフは素直に言いました。

「大内刈がしっくりきません。特に相四つへの大内刈が掛からなくなっています」

その言葉を聞いて、私は「よし、大内刈を一緒に修正しよう」と提案し、大内刈の特訓を開始。ウルフは私のアドバイスを謙虚に受け止めて実行し、数日間で見事に修正しました。その結果が、東京オリンピックです。準々決勝、準決勝、決勝を大内刈で決めたときには、私は涙が止まりませんでした。ウルフの理解力、修正力の高さをまざまざと見せつけられました。同時に、たとえオリンピック選手であっても基本に戻ることはとても重要なことなのだ、と改めて感じました。

気持ちを切りかえる天才ウルフ
一度だけ叱った日のこと

「とにかく強くなりたい」

「強くなるにはどうしたら良いのか」

ウルフは、常にその答えを追い求めながら練習とトレーニングに明け暮れていました。自主的にランニングを行い、ジムに通って筋力をつけ、全体練習後や練習が休みのときには進んで講道館に出稽古に出かけ、高校生として強くなるためにありとあらゆることを実行していました。まさに、強くなるためのお手本のような部員でした。

そんなウルフですが、高校時代に私は一度だけ彼に雷を落としたことがあります。

春の全国高校選手権2連覇、金鷲旗2連覇を達成し、2年連続高校三冠までインターハイ一つを残すのみとなった夏休み後半。練習に熱がこもり、主将のウルフも一段と気合が入っていました。ただ、三冠連覇に対する思い、責任感、プレッシャーが立ちはだかっていたのでしょうか。金鷲旗後の練習がとても荒々しく、雑になりました。顔も険しくいつものウルフとはまったく違ったウルフになっていたのです。1日目、私はその姿をじっと見るにとどめました。2日目、注意すべきか考えながら「冷静に行いなさい」とアドバイスをしました。しかし、そのときのウルフの態度がよくありませんでした。3日目、乱取1本目から変わらず、荒々しい練習が続いたので、注意すべきときが来たと感じました。

「アロン、練習はやめなさい。今、自分はどんな練習をやっていると思う？

とても雑で荒々しい練習になっているぞ。

アロンが同じことをされたらどう思う？

『実るほど頭を垂れる稲穂かな』の気持ちを

忘れていないか？」

　続けて、こう一喝しました。

「今のままの練習だと、インターハイでは団体も個人も両方とも優勝は絶対に無理だな。

　なぜだと思う？

　アロンが圧力をかけて練習を行う。相手は遠慮してどんどん投げられる。そうなるとアロンの技が効いているのか効いていないのか、さっぱりわからない。

　試合ではどんなに相手に圧力をかけても、怖い顔をしても、誰も何も遠慮しないぞ。

　わざと投げられてはくれないぞ。

　自分から飛んではくれないぞ。

　そのような練習を続けるのであれば、勝つ、負けるは関係ない。今のアロンと一緒に練習したくない」

　その瞬間、ウルフはいつもの冷静なウルフに戻りました。私の雷を一瞬で受け止めたのです。そして、練習を再開しました。その姿を見て「さすがだ。これで優勝できる」と確信しました。強くなるのにプラスになることマイナスになること、それを一瞬で判断して実践する素直な気持ちを持つことが強くなる秘訣の一つだからです。同時に、「アロンは気持ちをプラスに切りかえることに関しても天才だ」とも感じました。このことが後々にもつながっていくことになります。

　迎えた北部九州インターハイ。福岡市で開催された本番は、他校の執念を強く感じました。東海大浦安に２年連続三冠をとらせてたまるかという気迫が会場いっぱいに広がっていたのです。そして、ウルフ率いるわが校は、ベスト８で敗退。残念ながら、三冠連覇を達成することはできませんでした。

　悔し泣きするウルフたちに私は笑顔で言いました。

「試合を何試合も何試合もやっていればいろいろなことがある。勝つこともあれば、負けることもある。

　ここ福岡市民体育館は先生が高校３年のとき、金鷲旗大会で優勝した思い出の会場だ。ここまで連れてきてくれてありがとう。感謝しているよ。

　さあ、明日の個人戦は気持ちを切りかえて、会場で見てくれている方々に見ていて面白い柔道を楽しんでもらおう」

　次の日の個人戦、ハードな試合が何試合も続きましたが、100kg超級でウルフは優勝しました。主将でポイントゲッターのウルフには、相当なプレッシャーがあったことでしょう。前日の敗戦から気持ちを切りかえることは、並大抵のことではなかったと思います。それを見事にやってのけての優勝でした。

　直前練習で雷を落とされたとき、素直な気持ちがウルフにあったからこそ、団体戦で敗れた次の日の個人戦で優勝を達成できたのだと思います。気持ちの切りかえは、純粋な、素直な気持ちを持つことによって発揮できるからです。東京オリンピック前に負ったヒザのケガについても同様のことが言えるでしょう。気持ちを切りかえて治療、手術、リハビリに取り組んだことが、金メダル獲得につながったのだと私は考えています。

「褒めて」「考えさせて」「伸ばす」
自分で考える選手に育てる

2012年に三冠を獲得した後、多くの新聞の取材を受けましたが、決まって聞かれたのが「三冠獲得の指導の秘訣を教えてください」ということでした。

私の答えは決まっていました。

「自分で考える選手に育てることを心掛けました」「短時間集中を心掛けました」

次にくる質問も決まっていました。

「では、自分で考える選手になるにはどのような指導をすれば良いのですか」

さて。では、いったい私はどのように指導していったのでしょうか。

その秘訣はズバリ「褒めて」「考えさせる」です。試行錯誤の指導の末、この結論にたどり着きました。

「褒めて伸ばすという指導方法は知っているよ」と言われそうですが、この二つの言葉では私の真意を示すには限界があるので、具体的に説明しましょう。

例えば、乱取中にA君が大外刈で豪快に投げたとします。A君に対して私は、「今の大外刈は良かったね」ではなく、「今の大外刈は良かったね。軸足の動きが良かった。もう1回繰り返してごらん」と、具体的なことを一つ付け加えて褒め、本人に良いイメージを繰り返させます。そうすれば「軸足が良かったのか。こうやればいいのか。もっと工夫し

てみよう」という心理が働きやすくなるからです。また、「褒める」は「うれしい」につながり、そこから「先生を喜ばせたい」「もっと工夫しよう」「もっと上達したい」につながっていきます。つまり、うまくいった動作を繰り返し意識させることで技が身についていくと同時に、考える習慣がついていくのです。

では、「怒鳴る」「怒る」という指導について考えてみましょう。

怒られると人は「怒られたくない」と感じ、「怒られないようにするにはどうしたらいいのか」と考えるようになっていきます。その結果、指導者の「顔色をうかがう」「行動が受け身になる」という行為につながっていってしまいやすいのです。もちろん、指導するうえで叱る行為が必要なときがあります。否定するつもりはありませんし、私自身もそのような指導をしたことも、することもあります。

指導で大切なのは、まずは選手にやらせてみることです。指導者が納得するようにできなかったとしても、「叱る」指導は最小限に控え、それよりも良いところを見つけて「褒める」のです。人は年齢に関係なく、褒められると「自信」になりますが、怒られると「萎縮」してしまいがちであることを常に念頭においておくことが必要なのです。

とはいっても、「褒める」指導にも気をつけなければならない重要なことがあります。マナーを守る、謙虚、礼儀、挨拶、文武両道など、しつけを優先して褒めるということです。「褒める」が「甘やかす」につながらな

いように指導することが大切です。

この方法は本当に正しいのか 疑問を持つ。改革する勇気を持つ

ベイカーたちのチームを育てるうえで、指導者として心掛けていたことがあります。それが「疑問を持つ」ということでした。従来の練習方法がベイカーに通用しなかったからです。

ベイカーの場合、それまでやっていた6分10本の乱取が3本しかできませんでした。3本終わると休んでしまうのです。そこで私はベイカーを叱るのではなく、「乱取は全部続けるのが伝統的な練習だけど、3本ごとに休むのはなぜだろう」と尋ねました。ベイカーは次のように答えました。

「僕は他の部員の2倍も3倍も技を掛ける回数が多く、全身の力を常に全力で発揮するので、3本しか続かないのです」

なるほど、6分間全力でやれば3本しか続かないというのは無理もないのかもしれないと、そこで初めてこれまでやってきた6分×10本や5分×10本を続けて行う伝統的な練習方法が果たして正しいのか、疑問を抱くようになりました。それよりも、休憩を入れたほうがむしろ集中して練習できるかもしれないと思い、3本ごとに3分の休憩を入れてみようと考えました。ねらいは的中しました。「6分3本休憩3分」を3セットにしたところ、やんちゃな元気者たちのモチベーションはみるみる向上していきました。練習でも集中した真剣勝負が繰り広げられるようになったのです。「3本やったら3分休める」という気

167

持ちが働いたことによるものでした。ベイカーにも「練習が続かない」という負い目がなくなり、部全体が生き生きとしてきました。

以来、手を抜いてしまいやすい寝技練習も、3分3本の2セットに回数を減らすかわりに真剣に攻めあうことを全員で確認し、練習に取り組むように指導。打ち込み練習も3人打ち込みは5本5セット、もしくは3本5セットと数を少なくし、一本一本をそれこそ「命がけ」でかけさせました。あわせて、毎日の練習自体も短時間集中を心掛けました。

朝のトレーニングも廃止しました。これもベイカーの一言から決まったことです。

東海大浦安には運動部寮があり、当時、柔道部員も10名ほど住んでいました。私が寮監をやっていたこともあって、週3回朝6時から50分ほど、ダッシュやランニングなどの朝トレを行っていました。ベイカーは家が近いため普段は自宅から通っていましたが、朝トレ前日は寮に泊め、参加させました。ところが、ベイカーは次第に朝トレに集中しなくなり、ある日、私にこう言ってきました。

「先生、朝トレはやっぱりやらなくてはいけませんか。寮にも泊まりたくありません」

真面目なベイカーが言ってきたからには、必ず理由があるはずです。私はなぜなのかを尋ねました。

「体重を増やすために、自宅近くのジムに通ってウエイトトレーニングをやっています。寮に泊まるとできなくなるし、夜遅くまでやっているので、朝トレは厳しいです」

それを聞いて答えました。

「なるほど、それはそうだ。先生も考えよう」

「朝トレは絶対に必要だ。何を言っているのだ」という指導もあるのかもしれませんが、私はこの言葉をきっかけに「朝トレは本当に必要なのか」を考えるようになりました。その結果、眠気をこらえて集合するために、惰性でやってしまうことが多いかもしれないし、授業も眠くて集中できないなど、いろいろなデメリットがあることに気がつきました。「よし、朝トレをやめよう」と決心し、朝トレをやめました。

また、休日に行っていた午前午後の2部練習も見直しました。休日の練習は午前中の3時間とし、選手たちには「真剣勝負で頑張って、午後はゆっくりしなさい」と伝えました。このように短くても集中した練習を行ったので、三冠のメンバーには合宿は必要ありませんでした。仮にやったとしても、6日間の合宿であれば4日目は完全休養日にする、または1日おきに午後はフリーにするなどメリハリをつけたことでしょう。長い合宿は集中力が続かないため必ずケガが多くなりますし、ストレスや不満も溜まりやすいため、効果が疑わしいからです。

こうした練習改革の効果は絶大でした。全体の練習後、自主練習や自主トレーニングに励む部員が次々と出てきたのです。

以来、指導者としての既成概念にとらわれず、練習の常識、伝統に疑問を持つことを心掛けました。同時に、勇気を持って、私の発想で練習を改革していきました。

練習試合では叱らない
ともに考える

練習試合というと、1日に何試合も何試合も行うケースが多いと思います。大きな道場でぐるぐる回りながら、試合を繰り返していくと、選手はバテバテになり、指導者にはイライラが募ります。

「何やってんだ」

「それじゃだめだ」

続く長い説教…。

そんな光景を見かけることがよくあります。

私は、練習試合では決して叱りません。叱らないように心掛けます。叱ってばかりの時期もありましたが、指導方針を変えました。

部員にかけた言葉は次のことだけです。

「結果は一切気にするな。相手より先に攻めることを考えなさい。自分の持っている技を出し切ることを考えなさい」

練習試合で萎縮することなく、伸び伸びと思い切った試合をさせるため、そのように言うのです。この方法は、三冠を獲得した選手たちには特に効果がありました。

なぜ効果的なのか、次の例で考えてみてください。

結果が悪かったとき、指導者A、Bは次の言葉を部員にかけたとします。

指導者A

「今日は負けた。おまえたちの努力が足りないからだ。何が良くなかったか、自分たちで考えろ」

指導者B

「今日は負けた。結果のすべては監督の責任だ。みんな、さらに努力が必要だな。先生も指導の努力がもっと必要だ。お互いもっと努力、研究しよう。何がいけなかったか、一緒に考えよう」

指導者のみなさん、あなたはA、B、どちらの言葉をかけますか?

余裕が自主性を生み出す 短時間集中練習の効果

ある強化合宿に参加したときのことです。毎朝、1時間のトレーニングが行われました。内容はランニング、ダッシュ、おんぶ、だっこ、手押し車など一般的なメニューで、みんなきつそうな表情をして行っていました。ところがどうでしょう。終了して整列、礼が終わった瞬間、選手たちはホテル行きのバスに向かって笑いながら猛ダッシュしていったのです。明らかにトレーニングより速いスピードでした。

「トレーニングでバテバテのはずでは…?」と思ったのは私だけではなかったのではないでしょうか。「やらされている」という言葉が似合う光景でした。

前述したように、私は練習時間の改革に乗り出しました。このことによって生まれたのが、選手たちの自主性です。学校の道場にいる時間が短くなったことにより、毎日に時間的な「余裕」が出て、その時間をどのように使うかというところから「自主性」が芽生えたのでしょう。自ら朝トレを行ったり、ジムで筋力を鍛えたり、サンボ道場に通ったりなど、自分に合った取り組みを見つけ、行動するようになりました。

ただし、これはすべての選手に当てはまるわけではないと思います。指導者にとって大切なことは、「本当にこのやり方でいいのか」

と常に疑問を持って考え、選手たちや生徒の素質や能力に合った練習方法を見出し、工夫・改革したものを実践していくことだと私は考えます。

何も言わない指導
一人ひとりをじっくり観察する

私は練習時間の中で2、3時間、部員に一言も声をかけないで黙って見ているときがあります。

いったい何を考えているのかというと、部員の性格、技の特徴、体力の特徴、勝負強さなどを一人ひとりじっくりと見ているのです。

この時間が私にはとても大切です。「Aにはこれからあの技を教えたほうがいいな」「Bはスクワットを強化したほうが良さそうだ」「Cは寝技の選手にしたほうがいいかもしれない」「Dは先鋒に向いている」など、いろいろなイメージが湧いてくるからです。

また、技術や動きをじっくり見ていると、例えば、背負投の入り方が一般的な掛け方と違うと思っても、「このままでいいのか、変えたほうがいいのか」じっくり判断することができます。一般的な技の掛け方と違う掛け方や、手足の動きが一般論から外れている場合、「それは、こうじゃない。もっとこうしろ」「手の動きはこうやるのだ」というように、強制的に修正する指導も決して間違いではありませんが、私は時間をかけてじっくり見ることを心掛けています。指導者が先回りすると、考える力を養うのにマイナスになることがあるからです。

形を変えたいと思ったら、「背負投の引き手を君はこのようにしているけど、こういう方法や形もあるよ」というように、自分で考えられるような言い方をするようにしています。「変えるしかない」と判断したら、「このように変えなさい」とはっきりと伝えます。

こうした指導は、「浦安の竹内は何も指導しない」と誤解を生むこともあります。しかしながら、その場ですぐに指導しないだけなのです。後日、この時間に考えたことを活かした指導を行っているのです。

「何も言わずにじっくり見る」時間は、私にとって本当に大切な、貴重な時間であり、私の指導になくてはならない方法です。

あきらめない
目標を設定し、邁進する

「あきらめない」

これは部員や選手に限ったことではありません。監督も目標を設定したら、何があってもあきらめないことが大切です。

私は東海大浦安の監督に就任したとき、初めて会った部員たちを前にこう言いました。

「私は、東海大学付属浦安高校柔道部を日本一にするために来た」

みんな目を丸くし、キョトンとしていたのをよく覚えています。その年の県大会団体戦では、初戦敗退。そこからのスタートでしたが、就任21年目で全国制覇を果たしたことになります。

その間、私は何があっても決してあきらめませんでした。全国大会で負けても負けても、優勝するにはどうしたらいいのかを常に考え続け、前進していきました。全国大会で2位、

3位はとても優勝はなかなかできませんでした。なぜ日本一になれないのかと悩み、本当に苦しい時間を過ごしました。

21年目、ようやく出た答えは意外にも簡単なものでした。「優勝するには強豪校を上回る体力と精神力しかない」ということです。

技術はもちろん大切です。しかし、どれだけ研究し、練習しても、次第に通用しなくなった結果が2位、3位という成績でした。それよりも、常識破りの体力と精神力、練習法が勝利へ導くのだとわかったのです。

そして、「やんちゃな元気者チーム」を「褒めて」（もっと褒められたい）「考えさせて」（自主的に）「行動させる」方向に持っていきました。自分の意志で努力し、体力と精神力を養った結果、念願の全国優勝にたどり着いたのだと私は考えています。

余談ですが、春の全国高校選手権で初優勝を果たした翌日、職員室の机の上に一通の祝電が置かれていました。そこには次のメッセージがありました。

「長年の悲願であった団体戦の全国優勝おめでとうございます。心よりお喜び申し上げます。今後のさらなる飛躍を期待してやみません」

差出人は、「世田谷学園柔道部監督　持田治也」。涙がぽろぽろ出ました。何回挑戦してもなかなか勝てなかった大きな壁の名将、持田先生からでした。

持田先生には試合で対戦するごとにたくさん学ばせていただきました。特に、団体戦のオーダーの組み方は非常に勉強になりました。先生はこれが抜群にうまく、何回も裏をかかれ、「なるほど、そうやってオーダーを組めばいいのだ」と勉強させてもらいました。ライバルであり、尊敬する持田先生からの祝電は本当に感激もので、あきらめなかった私へのご褒美でした。

2005年、千葉インターハイ

国士舘と東海大浦安の決勝戦は、因縁の戦いでもありました。川野一成・国士舘中高総監督（当時）のコメントが「近代柔道・2005年9月号」（ベースボール・マガジン社）に掲載されています。

「私が斉藤仁（当時全日本男子監督）を擁して二連覇したときの1977年の決勝戦の相手が九州学院だった。そこには先鋒で現在の東海大浦安の監督、竹内徹君がいた。また、その年、天理は3位だったが、チームの中心にいたのが東海大浦安のエース石井竜太君のお父さんで現在国際武道大師範の兼輔君だった」

親から子へと引き継がれた戦い、また選手から監督へ立場を変えた戦いに再び熱く燃えました。

挫折をバネにする
恩師に導かれて

幼い頃、二つ上の兄・正と一緒に、熊本市内の振武館という道場で稽古を積みました。兄は強く、私はいつも負けてばかり。悔しくて泣きながら何回も挑みましたが、その度に容赦なく投げ飛ばされました。「泣いても手加減しないぞ」という無言の兄の愛情でした。私に悔しさをバネにするという気持ちを培ってくれたのは、間違いなくこの兄です。

私の人生を振り返ると、挫折が私をここまで導いた原動力だと感じます。

中学で団体日本一、高校では金鷲旗優勝、インターハイ団体2位、全日本ジュニア選手権にも出場と、当時の私は前途洋々たる柔道人生を描いていました。東海大にも自信を持っての進学でした。しかし、ここで私は柔道人生初の挫折を味わいました。

大学1年生の夏、練習中に右肩を脱臼。2週間後の練習でまた脱臼し、練習再開後、またすぐに脱臼。1日の練習で3回脱臼したこともありました。きちんとした治療をしなかったため、癖になってしまったのです。まともな練習ができない状態で、試合に出場することはほとんどできませんでした。

その代わり、佐藤先生がいろいろなチャンスを与えてくださいました。

「竹、ロシアの格闘技、サンボに挑戦してみたらどうだ」

先生のこの言葉がきっかけで大学4年のとき、全日本サンボ選手権に出場して準優勝。スペインで行われた世界サンボ選手権にも出場することができました。

また、練習がまともにできない代わりに就職を考えて猛勉強した結果、学業成績がぐんぐん伸びた私に、教員の道を勧めてくださいました。

卒業後、東海大相模中学の教員として勤務すると同時に、柔道部を発足させました。「大学時代は佐藤先生の期待に応えることができなかったが、監督として日本一、世界一になることはできる。必ず日本一のチームをつくり、世界一の選手を育てる。そして、佐藤先生に思いきり褒めてもらう」と心に誓いました。チームはほぼ全員が中学から柔道を始める素人軍団でしたが、2年目に神奈川県中学校大会で3位に入賞して、関東中学校大会に出場。県大会で2回の優勝を果たし、東海大第一高（現／東海大翔洋高）で行われた全国規模の黒潮旗大会で優勝したことで、「日本一」は夢ではなく「目標」になりました。

ある日、佐藤先生から新たな提案がありました。

「社会科の教員免許を取得したらどうだろう。社会の授業を担当することにより、日本の歴史、世界の歴史、政治や経済を自分自身も深く学ぶことができ、真の文武両道の指導者になれるぞ」

もちろん、私のことを考えてくださっての佐藤先生の提案に、異論はありません。中学で教員を続けながら聴講生として東海大に5年間通い、社会科の教員免許を取得。体育学部を卒業した私にとって、社会科で授業を行うための予習は大変でしたが、日本史、世界史を改めて学んだことで視野が広がり、勉強

を続けることの大切さを実感しました。サンボも続け、世界サンボ選手権で準優勝を果たすこともできました。

　振り返ると、監督としての30数年の間につらいこと、苦しいこと、やめたいと思ったことが何度もありました。大学時代、もしも選手として活躍していたら、監督としての全国制覇はなかったかもしれないとも思います。

　ここまでこられたのは、大学時代に味わった「挫折」があったから、全国優勝して日本武道館の真ん中で胴上げされたい、という願いがあったからです。

　そして、何よりも支えてくれた原動力は、若い頃から願い続けてきたことです。

　「竹、やったな。日本一になったな」と佐藤先生に褒めてもらうんだという願いです——。

白石礼介先生語録

白石先生は2015年に87歳でお亡くなりになりましたが、人生を柔道にかけてこられ、数え切れないほどの教え子とたくさんの名言を残されました。
そのなかから、いくつかご紹介します。

◆ 文武両道。勉強も柔道も両方とも頑張れ。そして、柔道を通して社会のチャンピオンになりなさい

◆ 実るほど頭を垂れる稲穂かな

◆ 人間というのは、強くなればなるほど、立派になればなるほど、素直に、謙虚に、礼儀正しくなっていくんだ。強くなって、偉くなって威張る人は本物じゃなか

◆ 見ていて面白い柔道が強くなる。勝っても負けても見ている人を面白い試合だと思わせる柔道をしなさい。発展する。

◆ 勝負は「平常心」を持つことが大切。勝っても喜ばない。負けても落ち込まない。勝っても負けても堂々とした態度で前を見て努力しなさい

◆ どんなに相手に研究されてもかかる技が本当の得意技ばい

◆ 柔道が強くなるには、地道な努力が必要たい。水が一滴一滴ずつ滴り、水たまりができていくように、ちょっとずつしか強くならん。弱くなるのは早か。ちょっと油断して努力が怠ると階段は転げ落ちるごつ（ように）すぐ弱くなる

◆ 組み手の上手な人は、何が何でも自分のやりやすい組み手にしてやるという気持ちが強い

◆ 先輩も後輩も関係なか。みんな真剣勝負たい。先輩は後輩に圧力をかけない。後輩は先輩に遠慮しない。そうすると練習がいきいきした雰囲気になる

173

おわりに

「竹、柔道の指導書をつくろう。東海大浦安高校柔道部監督の勇退記念、東海大学男子柔道部師範の就任記念だ。柔道人生の集大成として整理することも大事だ。今までにないような柔道の指導書を出版しよう。どうだ？」

私は「お願いします」と即答しました。還暦を過ぎ、師範になっても、恩師の佐藤宣践先生にお世話になることになりました。一人の柔道家として指導書を初めて出版することは大きなやりがいであり、喜びでもありますし、中学時代からの憧れであり、尊敬する恩師と指導書を作成できることは、私にとって夢のような話でした。

「指導書をつくることで新しく知ることもきっとあるだろう。いくつになっても勉強だ」という気持ちでとりかかりました。大きな夢を抱く中学生・高校生の技術向上に役立つだけでなく、一流選手の技術を真似て、自分のオリジナルに発展させる力を養うお手伝いをしたいと、世界で戦った経験豊富な柔道家にも協力を仰ぎました。おかげさまで、柔道の稽古に励んでいる選手には柔道の面白さと強くなるためのヒントを、柔道

未経験者や初心者の方には柔道が持つ魅力と面白さを感じてもらえる1冊になったと自負しております。そして、手にとってくださったみなさまのお役に少しでも立つことができたなら、これほど幸せなことはありません。

　最後に、この『世界で勝つための極意書　ワールド柔道』を作成するにあたり、技の解説と実技を快諾してくださった、秋本啓之氏、福見友子先生、飛塚雅俊先生、ベイカー茉秋氏、ウルフ・アロン氏、「受け」を担当してくれた佐藤奈津実氏（旧姓・五味）、宇田川力輝氏、山中堅盛氏、池田希氏に心から感謝を申し上げます。また出版にあたり、株式会社ベースボール・マガジン社の江口義忠様、冨久田秀夫様、月刊誌『近代柔道』編集長の岩佐直人様、フォトグラファーの馬場高志様、ライターの永田千恵様、有限会社ライトハウスの佐久間一彦様には多大なるご協力とご尽力をいただきました。本当にありがとうございました。

竹内　徹

竹内徹

たけうち・とおる

昭和34年（1959年）8月31日生まれ。熊本県出身。九州学院高校―東海大学卒業。小学2年生で柔道を始め、九州学院中学校から同高校に進み、全国中学校大会優勝（1973）、金鷲旗（1976、1977）優勝、インターハイ準優勝（1977）、全日本ジュニアベスト8（1977　以上65kg級）。その後、東海大学に進学。ケガに泣かされたが、恩師に勧められて出場したサンボで開花。世界サンボ選手権出場（1981）、準優勝（1985）、全日本サンボ選手権優勝（1985）の成績を残した。大学卒業後、東海大学付属相模高校中等部、東海大学付属デンマーク校（フェロー諸島でナショナルチームを指導）を経て、1993年から2021年までの28年間にわたって東海大学付属浦安高校・中等部柔道部を指導し、高校チームを三冠に導いた。オリンピック金メダリストのベイカー茉秋、ウルフ・アロンは教え子。現在、東海大学柔道部師範を務め、東海大学スポーツプロモーションセンターに勤務。Twitterでも精力的に情報を発信中（@takesen4）。講道館柔道六段。

＜指導歴＞　東海大学付属浦安高等学校

全国高校３大会（全国選手権大会・金鷲旗・インターハイ）優勝　三冠（2012年）

千葉県高校総合体育大会（インターハイ千葉県予選）19年連続優勝（1996〜2014年）

全国高校総合体育大会（インターハイ）出場（1996〜2014年）

全国高校選手権大会　優勝2回（2012年・2013年）／3位１回（2005年）

金鷲旗大会　優勝2回（2012年・2013年）／3位1回（2005年）

全国高校総合体育大会　優勝1回（2012年）／準優勝１回（2005年）／3位3回（1999年・2001年・2002年）

全国高校総合体育大会（インターハイ）個人（1996〜2014年）

　　優勝４名（淺野雄大100kg級＝2000年／ベイカー茉秋90kg級＝2012年／ウルフ・アロン100kg超級＝2013年／
　　前田宗哉90kg級＝2013年）

　　準優勝３名（八巻祐73kg級＝2006年／渡邊勇人81kg級＝2009・2010年／村田大祐100kg級＝2014年）

　　3位５名（郡司明66kg級＝2006年／ベイカー茉秋81kg級＝2011年／ウルフ・アロン100kg級＝2012年／
　　折原虹之介81kg級＝2013年／田島優人＝73kg級＝2014年）

国民体育大会（千葉県少年男子監督）優勝1回（2012年）／準優勝１回（2013年）

関東大会優勝（2012年）

全国中学校柔道大会　団体出場 男子2018年、2019年／女子2019年／女子個人52kg級・宝本陽3位（2019年）
　　／男子個人81kg級・田村侑己３位（2021年）

＜東海大学付属浦安高校柔道部卒業生の戦歴＞

★石井竜太（2005年度卒、現・日本中央競馬会）／全日本ジュニア選手権大会100kg超級優勝（2006年）／チェ
　コジュニア国際100kg超級優勝（2006年）／ドイツジュニア国際100kg超級優勝（2006年）／全日本柔道選手
　権大会2位（2012年）、3位（2013年）／講道館杯全日本柔道体重別選手権大会100kg超級優勝（2011年）／
　全日本選抜体重別柔道選手権大会100kg超級 3位（2010年・2012年・2013年）

★八巻祐（2006年度卒、現・光明相模原高校教員）／全日本ジュニア選手権大会73kg級2位（2007年）／全日本
　実業柔道個人選手権大会66kg級優勝（2014年）／ヨーロッパオープンリスボン66kg級優勝（2014年）

★渡邊勇人（2010年度卒、現・東海大学柔道部トレーナー）／講道館杯全日本柔道体重別選手権大会81kg級優勝
　（2014年・2016年）／全日本選抜体重別柔道選手権大会81kg級２位（2017年）／グランプリ・タシュケント
　81kg級　2位（2016年）

★ベイカー茉秋（2012年度卒、現・日本中央競馬会）／世界選手権チェリャビンスク団体戦優勝（2014年）／世
　界選手権アスタナ 90kg級3位（2015年）／世界選手権アスタナ団体戦 優勝（2015年）／ワールドマスターズ・
　グアダラハラ90kg級優勝（2016年）／グランドスラム 優勝（すべて90kg級）＝東京（2013年）・バクー（2015
　年）・チュメニ（2015年）・東京（2015年）／リオデジャネイロ・オリンピック90kg級優勝（2016ブラジル）

★ウルフ・アロン（2013年度卒、現・了徳寺大学職員）／世界柔道選手権大会100kg級優勝（2017ブダペスト）
　／グランドスラム大阪100kg級優勝（2018年）／世界柔道選手権大会 100kg級３位（2019東京）／ワールド
　マスターズ100kg級2位（2019年・青島）／全日本柔道選手権大会優勝（2019）／東京オリンピック100kg級
　優勝（2021年）※オリンピック・世界選手権・全日本選手権の三冠達成

★前田宗哉（2013年度卒、現・自衛隊体育学校）／講道館杯全日本柔道体重別選手権大会90kg級3位（2019年）
　／全日本柔道選手権大会出場（2019年・2021年）／関東選手権大会優勝（2021年）

＜その他＞

全国高等学校体育連盟柔道専門部創設七〇周年記念優勝監督表彰

全日本柔道連盟優秀監督表彰（2020年）

監修者

佐藤宣践

さとう・のぶゆき

1944年1月12日生まれ、北海道出身。北海道学芸大附属中学校で柔道に触れ、函館中部高校時代から本格的に取り組む。61年夏、高校3年の全北海道大会で個人戦優勝。62年東京教育大学（現・筑波大学）に入学。66年に卒業後、博報堂に入社。同時に東京教育大学柔道部の監督を務める。3年間の勤務ののち、69年1月に東海大学体育学部に迎えられ、柔道部監督に就任。常勝チームに育てあげた。東海大学では多くの世界チャンピオンを輩出している。東海大学体育学部長、国際柔道連盟（IJF）理事、日本オリンピック委員会（JOC）理事などを歴任。2016年4月から2020年3月まで桐蔭横浜大学学長を務め、2021年には瑞宝中綬章を綬章。現在、東海大学名誉教授・柔道部主席師範、桐蔭横浜大学名誉教授。講道館柔道九段。

<主な競技歴>
世界柔道選手権大会優勝（軽重量級／1967年、1973年）
全日本体重別選手権大会優勝（重量級／1968年、軽重量級／1971年）
全日本柔道選手権大会優勝（1974年）

<指導に当たった世界チャンピオン>
山下泰裕（1979パリ・1981マーストリヒト・1983モスクワ世界選手権95kg超級、1981年は無差別級との2階級制覇、1980ロサンゼルス五輪無差別級）／柏崎克彦（1981マーストリヒト世界選手権65kg級）／香月清人（1979パリ世界選手権71kg級）／中西英敏（1983モスクワ世界選手権71kg級）／須貝等（1985ソウル世界選手権95kg級）／越野忠則（1991バルセロナ世界選手権60kg級）／中村佳央（1993ハミルトン世界選手権86kg級）／中村行成（1993ハミルトン世界選手権65kg級）／中村兼三（1996アトランタ五輪71kg級）／井上康生（2000シドニー五輪100kg級）／中矢力（2011パリ・2014チェリャビンスク世界選手権73kg級）／髙藤直寿（2020東京五輪60kg級）／羽賀龍之介（2015アスタナ世界選手権100kg級）／ベイカー茉秋（2016リオ五輪90kg級）／橋本壮市（2017ブダペスト世界選手権73kg級）／ウルフ・アロン（2020東京五輪100kg級）／影浦心（2021ブダペスト世界選手権100kg超級）／塚田真希（2004アテネ五輪78kg超級）／田知本遥（2016リオ五輪70kg級）／朝比奈沙羅（2018バクー世界選手権78kg超級）

協力

秋本啓之

あきもと・ひろゆき

1986年1月31日生まれ。熊本県出身。桐蔭学園高校—筑波大学—同大学院修了。了徳寺大学職員柔道部男子コーチを経て、現在はデジタル・スポーツ・ジャパン株式会社に所属する。全日本男子代表コーチ。5歳で柔道を始める。桐蔭学園高校2年生のときに、全国高校選手権に出場。66kg級の選手だったが、当時無差別で争っていた個人戦に挑戦し、193cm、140kgなどの重量級選手と対戦して優勝という快挙を成し遂げて話題となる。筑波大学に進学した04年、世界ジュニア優勝。09年、73kg級に階級を上げ、翌年、東京で開催された世界選手権を制覇した。東京2020オリンピックでは全日本女子強化コーチとして、78kg超級に出場した素根輝の担当コーチを務めた。父・勝則氏は1975年ウイーン世界選手権の銅メダリスト。

協力

福見友子

ふくみ・ともこ

1985年6月26日生まれ。茨城県出身。土浦日大高校－筑波大学－同大学大学院修了。前全日本女子代表コーチ。了徳寺学園職員を経て、現在はＪＲ東日本女子柔道部ヘッドコーチ、全日本女子強化委員。8歳で柔道を始め、土浦第六中学時代から頭角を現す。2000年全中48kg級で優勝し、一躍ホープとして期待されるようになる。02年、土浦日大高2年のときに、当時世界最強と言われた田村（現・谷）亮子を全日本選抜体重別で破った。谷には07年の全日本選抜体重別でも勝利している。09年世界選手権ロッテルダム優勝、10年東京、11年パリ同大会2位。2012年ロンドン・オリンピック代表。すべて48kg級。東京2020オリンピックでは全日本女子強化コーチとして、48kg級の渡名喜風南と52kg級の阿部詩の担当コーチを務めた。

協力

飛塚雅俊

とびつか・まさとし

1977年6月25日生まれ。山形県出身。山形工業高校－東海大学－同大学大学院修了。新日本製鉄
（現・日本製鉄）、了徳寺学園職員を経て、現在は東海大学付属浦安高校男子柔道部監督。小学2
年生で柔道を始め、山形工業高2年生のときに出場した全国高校選手権無差別級で優勝し、注目を
集めるようになる。1997年全日本ジュニア優勝（95kg級）、2001年、2004年全日本選抜体重別
優勝。2001年フランス国際優勝。すべて90kg級。2001年の世界選手権ミュンヘンに90kg級代表
として出場した。

協力

ベイカー茉秋

べいかー・ましゅう

1994年9月25日生まれ。東京都出身。東海大学付属浦安高校－東海大学卒業。日本中央競馬会。6歳で柔道を始め、東海大浦安高校に進学して竹内徹師範のもとで学ぶ。90kg級。

<主な戦績>
リオデジャネイロオリンピック90kg級優勝（2016）
世界選手権チェリャビンスク団体戦優勝（2014）
世界選手権アスタナ90kg級3位（2015）
世界選手権アスタナ団体戦優勝（2015）
ワールドマスターズ・グアダラハラ90kg級優勝（2016）
グランドスラム東京（2013）・バクー（2015）・チュメニ（2015）・東京（2015）90kg級優勝

協力

ウルフ・アロン

うるふ・あろん

1996年2月25日生まれ。東京都出身。東海大学付属浦安高校－東海大学－同大学院修了。了徳寺大学職員。6歳で柔道を始め、東海大浦安高校に進学して竹内徹師範のもとで学ぶ。100kg級。

＜主な戦績＞
東京オリンピック100kg級優勝（2021）
東京オリンピック団体戦2位（2021）
世界選手権ブダペスト100kg級優勝（2017）
全日本選手権優勝（2019）
グランドスラム大阪100kg級優勝（2018）
世界選手権・東京100kg級3位（2019）
ワールドマスターズ青島100kg級2位（2019）

「受け」	佐藤奈津実 四段（旧姓・五味）	山中堅盛 三段
	宇田川力輝 三段	池田希 三段

世界で勝つための極意書
ワールド柔道

2022 年 2 月 28 日　第 1 版第 1 刷発行

著　　者　竹内　徹

監　　修　佐藤　宣践

発 行 人　池田哲雄

発 行 所　株式会社ベースボール・マガジン社

　　　　　〒 103-8482

　　　　　東京都中央区日本橋浜町 2-61-9　TIE 浜町ビル

　　　　　電　　話　03-5643-3930（販売部）

　　　　　　　　　　03-5643-3885（出版部）

　　　　　振替口座　00180-6-46620

　　　　　https://www.bbm-japan.com/

印刷・製本　共同印刷株式会社

© Toru Takeuchi 2022

Printed in Japan

ISBN 978-4-583-11462-0 C2075